増補版

アシェット・デセールのパーツと組み立て

# 皿盛りデザート

RAU　松下裕介

河出書房新社

# Sommaire

## ━━━━━ この本のレシピについて ━━━━━

・大さじ1＝15ml、小さじ1＝5ml（1ml＝1cc）
・卵はM玉を使用（正味約50g）
・卵、牛乳、生クリームは、使用前に計量し、使用直前まで冷蔵庫で保存しておきます。
・オリーブオイルは、エクストラバージンオリーブオイルを使用しています。
・バターと発酵バターは、ともに食塩不使用のものを使用しています。
・各ピュレは冷凍のものを使用直前に解凍して使用しています。
・大豆レシチンパウダーはパウダーの中でもよく水に溶けるものを使用しています。
・バニラビーンズはすべて種をこそぎ出してさやごと使用しています。
・打ち粉は強力粉を使用しています。
・糖度を計測するにあたり、Brix（ブリックス）の測定表示値を採用。測定の際は屈折計（糖度計）を使用してください。
・フライパンはフッ素樹脂加工のものを使用しています。
・ミキサーはスタンドミキサーを使用しています。用途（混ぜるもの）によってアタッチメントをフック、ホイッパー、ビーターとつけ替えて使用してください。
・オーブンはダンパー（空気の流量を調節する装置）のあるスチームコンベクションオーブンを使用しています。メーカーや機種によってくせがあるので、焼成温度や焼き時間はレシピを目安にして、使用するオーブンの様子を見ながら加減してください。ダンパーがついていない場合、「ダンパーを開けた」と表記のあるレシピでは、焼いている途中で1〜2度、オーブンを開けて水蒸気を出すと、ダンパーを開けた状態と似たような効果が得られる場合もあります。オーブンの様子を見ながら調整してください。
・オーブンは、レシピの焼成温度より20℃プラスして予熱し、ガスオーブンの場合、レシピの焼成温度より10〜15℃低い温度で焼いてください。また焼き時間を10分ほどプラスする必要がある場合もあります。オーブンの様子を見ながら調整してください。
・室温は20℃ぐらいを想定しています。

# Pomme-tatin, parfumée à l'amande fumée

## りんごのタタン風　燻製アーモンドの香り

りんごのタタン、りんごのコンポート、カルダモンのアイスクリーム、
タタン風味のクレーム・パティシエール、濃縮りんごソース、燻製アーモンド etc.

濃縮ソースなど、フレッシュなりんごに近いピュアな風味から、
りんごのタタンなど、焼いてほっくりと甘みを増した風味まで、
りんごを味わい尽くすデセールです。
燻製アーモンドを加えて独特の香ばしさをプラスしながら、
フイユタージュやアイスクリームを添え、様々な味わい方で楽しめるようにしました。

# りんごのコンポート

**材料** ／ 4 皿分（作りやすい分量） ¼ 個使用

りんご……1 個　　　　　　　バター……10g

A 白ワイン……150g　　　グラニュー糖……適量
　　グラニュー糖……50g
　　レモン果汁……5g

**作り方**

1 りんごは皮をむいて 4 等分に切り、芯を取る。

2 鍋に A を入れ、中火にかけて沸かし、シロップを作る。

3 1 を入れ、落としぶたをしてやわらかくなるまで弱火で加熱し、火からおろしてラップを密着させてかけ、常温で冷ます。

4 3 を取り出し、キッチンペーパーでシロップを軽く拭き取り、直径5.5cmのセルクルでくりぬく。

5 厚さ 5 mmにじゃばら状にスライスする。

6 シルパットを敷いた天板に 5 を並べ、上からグラニュー糖を軽く振り、バターをのせる。

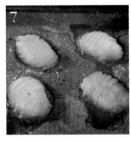

7 ダンパーを閉めた160℃のオーブンで30〜40分焼き、オーブンから取り出して冷ます。

8 丸くまるめてバットにおき、バーナーで表面をあぶる。

# 濃縮りんごソース

**材料** ／ 10 皿分（作りやすい分量） 3 g使用

A りんご果汁……50g
　　レモン果汁……1 g
　　バニラビーンズ……⅙本分
りんごリキュール……2.5g

**作り方**　＊写真は 2 倍量です

1 鍋に A を入れ、中火でとろみがつくまで加熱する。

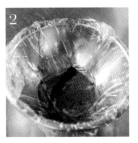

2 ボウルに移し、ラップを密着させてかけ、常温に冷ます。

3 りんごリキュールを加えて混ぜる。

# りんごのピュレ

**材料／7皿分**
（作りやすい分量）23g使用
りんご果肉（紅玉）……120g

A 水……270g
| レモン果汁……16g
B グラニュー糖……21g
| HMペクチン……0.5g
りんごリキュール……8g

**作り方**

1 りんごは皮をむいて8等分に切り、芯を取って厚さ5mmほどにスライスする。

2 鍋に1とAを入れ、ふたをして弱火にかけ、りんごの繊維がほぼ感じられないぐらいやわらかくなるまで加熱する。

3 ボウルに2のりんごの果肉のみを取り出して水気をきり、ハンドブレンダーでピュレ状にする。

4 2の鍋に、ボウルですり混ぜて3を少し加えてのばしたBを、3の残りと一緒に加え、中火で加熱する。

5 火からおろしてボウルに移し、氷水にあてて冷やし、冷えたら氷水から出してりんごリキュールを加える。

## memo

＊りんごを加熱している途中で水が少なくなれば水をたします。
＊冷蔵庫で3日間保存可能です。

# りんごのタタン

**材料／直径2.5cmシリコン半球型13個分（作りやすい分量）2個分使用**
りんご（紅玉）……3個　　りんごのピュレ（上記参照）……20g
グラニュー糖……30g　　A グラニュー糖……20g
バター……30g　　　　　 | 水……10g

**作り方**

1 りんごは皮をむいて8等分に切り、芯を取る。

2 鍋にグラニュー糖を入れ、中火にかけて煮詰め、濃いめのキャラメルを作る。

3 1を加え、中火〜弱火でキャラメルをからめながら加熱する。

4 りんごから水分が出てきたら、中心に少し食感が残る程度に加熱して、バターを加え、混ぜてなじませる。

火をとめ、りんごのピュレを
加えて混ぜる。

別の鍋にAのグラニュー糖を
入れ、中火にかけて濃いめに
色づくまで煮詰め、Aの水を
加え混ぜる。

バター（分量外）を塗ってグ
ラニュー糖（分量外）をまぶ
した深めのバットに6を流し、
5を敷き詰める。

ダンパーを閉めた165℃のオ
ーブンで1時間焼く。

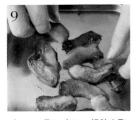
バットに取り出し、粗熱を取
る。

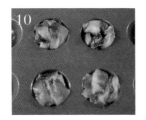
3つに切り、20gを別にして
残りを半球型13個分に詰め
る。

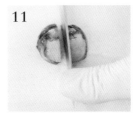
冷凍庫で2時間冷やしかため、
冷凍庫から出し、型から取り
出して半分に切る。

memo

＊10で別にした20gのタタ
ンは、タタン風味のクレー
ム・パティシエール（p10）
を作る際に使用します。
＊冷凍庫で2週間保存可能で
す。

# カルダモンのアイスクリーム

**材料**／20皿分（作りやすい分量）1個使用
A　牛乳……115g
　　生クリーム（35%）……110.5g
　　カルダモン（ホール）……1粒
　　バニラビーンズ……1/6本分
　　水あめ……44g
　　グラニュー糖……17.8g
B　卵黄……45g
　　グラニュー糖……17.8g
　　カルダモンパウダー……適量

**作り方**

鍋にAを入れ、中火にかけて
沸いたら火をとめ、ラップを
して1時間蒸らす。

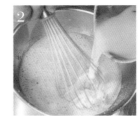
ボウルにBを入れてすり混ぜ、
再び沸かした1を少しずつ加
えて混ぜる。

鍋に戻し、中火にかけて82
℃になるまで混ぜながら加熱
する。

ボウルに漉し入れ、氷水にあ
てて10℃以下に冷やし、カ
ルダモンパウダーを加えて混
ぜる。

アイスクリームマシンにかけ、
空気を含んで白っぽくなり、
マシンの羽にくっつく程度の
かたさになったらとめる。

memo

＊アイスクリーム液の空気の
含みがあまいと、かたい仕上
がりになってしまうので注意
します。
＊組み立ての際に15mlディ
ッシャーで1個くりぬきます。
＊冷凍庫で2週間保存可能で
す。

# クレーム・パティシエール

**材料**／8皿分（作りやすい分量）20g使用

A　生クリーム（35%）……80g　　卵黄……48g
　　牛乳……140g　　　　　　　トレハロース……20g
　　バニラビーンズ……½本分　　コーンスターチ……10g
　　グラニュー糖……23g

**作り方**

鍋にAを入れ、強火で沸かして火をとめ、ラップをかけて3時間蒸らし、バニラの香りを移す。

ボウルに卵黄、トレハロースを入れてすり混ぜ、コーンスターチを加えてさらにすり混ぜる。

1を再び沸かし、沸騰直前に火をとめ、½量を2に少しずつ加えて混ぜる。

1に3を戻し、混ぜながら再び強火にかけ、沸いたら中火にして、混ぜながらボタッと濃度がつくまで加熱する。

ボウルに漉し入れ、ハンドブレンダーにかけて乳化させ、氷水にあててゴムベラで絶えず混ぜながら冷やす。

**memo**

＊絶えずゴムベラで混ぜながら冷やすと、表面の乾燥を防げてよりなめらかなクレームになります。
＊冷蔵庫で2日間保存可能です。

# タタン風味のクレーム・パティシエール

**材料**／約13皿分
（作りやすい分量）3g使用
りんごのタタン（p8参照）、
　クレーム・パティシエール
　（上記参照）……各20g

**作り方**

ボウルにりんごのタタンを裏漉しする。

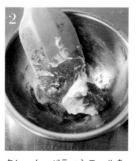

クレーム・パティシエールを1に加えてよく混ぜる。

**memo**

冷蔵庫で2日間保存可能です。

# パン・ド・ジェンヌ

**材料**／30×30cm天板1台分（作りやすい分量）1個使用

A アーモンドパウダー
　……125g
　グラニュー糖……72.5g
　グラン・マルニエ……25g

B バター……58g
　牛乳……8g

C 全卵……215g
　グラニュー糖……72.5g

D 薄力粉……72g
　ベーキングパウダー……2g

**作り方**

1 ミキサーボウルにAを入れ、ミキサーにビーターをつけて中速で混ぜる。

2 ボウルにBを入れ、湯煎にかけてバターを溶かす。

3 別のボウルにCを入れ、湯煎にかけて混ぜながら50℃以上にあたためる。

4 1のミキサーを回しながら、数回に分けて3を加え混ぜる。

5 ミキサーのビーターをホイッパーに付け替え、中速でしっかり泡立てる。

6 合わせてふるったDを5に加えてよく混ぜる。

7 2に6を少し入れて混ぜ、6に戻してよく混ぜる。

8 オーブンシートを敷いた天板に、30cm四方に広げてならす。

9 天板の下に1枚天板を重ね、ダンパーを閉じた170℃のオーブンで20〜30分焼く。

10 オーブンから出し、天板をはずして網にのせ、粗熱を取る。

11 直径2.8cmのセルクルでくりぬく。

## memo

＊ミキサーに粉類を一度に入れるとダマになりやすいので必ず分けて入れます。
＊冷凍庫で3週間保存可能です。

# 燻製アーモンド

**材料**／8皿分（作りやすい分量）10g使用

アーモンドダイス……50g　　バター……2g

A　グラニュー糖……30g　　燻製用りんごチップ……30g
　│　水……10g

**作り方**

アーモンドダイスをダンパーを開けた170℃のオーブンで均一な焼き色がつくまで10分ほど焼く。

鍋にAを入れ、中火で116℃になるまで加熱し、火をとめ、1を加えて混ぜ、再結晶化して白くなるまで加熱する。

さらに中火にかけ、濃いめのキャラメル色になるまで混ぜながら加熱する。

火をとめ、バターを加えて一粒一粒コーティングするように混ぜる。

オーブンシートを敷いた天板に広げて冷まし、手でパラパラにする。

深めの鍋の底にホイルを敷き、燻製用りんごチップをおいて燻製チップの一部に点火する。

鍋の外径よりもひと回り大きい網をのせ、5を広げ、アルミホイルでふたをして15分ほどスモークする。

memo

＊燻製チップに点火したら、煙だけが出ていることを確認してから、スモークします。
＊完全にアルミホイルでふさぐと火が消えて煙がとまるので、少し隙間をあけます。
＊保存の際は乾燥剤と一緒に密封容器に入れて常温保存。7日間保存可能です。

# フイユタージュ・アンヴェルセ

**材料**／直径2.8cm高さ5cmのセルクル30個分（作りやすい分量）　1個使用

A　薄力粉……150g
　│　強力粉……250g
　│　発酵バター……130g

B　薄力粉……95g
　│　強力粉……95g
　│　発酵バター……450g

C　塩……10g
　│　サワークリーム……50g
　│　グラニュー糖……35g
　│　白ワインビネガー……3g
水（氷水を漉したもの）……100g

memo

生地は冷凍庫で3週間（ただし、2回折り込んだ後、ラップをかけて保存）、焼成後は常温で1日保存可能です。

**作り方**

p15〜17のフイユタージュ・アンヴェルセを参照して生地を作り、
直径2.8cmのセルクルでくりぬき、ダンパーを開けた180℃のオーブンで20分ほど焼く。

# 〈組み立て〉

**材料**／1人分

生クリーム（35%／7分立て）……8g
パン・ド・ジェンヌ……1個
りんごのピュレ……20g
バニラのクランブル（p28参照）……5g
A　りんごのピュレ……3g
　　濃縮りんごソース……3g
　　タタン風味のクレーム・パティシエール……3g

りんごのタタン……2個分
カルダモンのアイスクリーム……1個
りんごのコンポート……¼個
フイユタージュ・アンヴェルセ……1個
燻製アーモンド……10g
ビオラ……適量

生クリーム

フイユタージュ・
アンヴェルセ

バニラのクランブル

タタン風味の
クレーム・パティシエール

りんごのピュレ

濃縮りんごソース

濃縮りんごソースでつや出しした
りんごのコンポート
下には上から順に
カルダモンのアイスクリーム、
りんごのタタン、
りんごのピュレを塗った
パン・ド・ジェンヌ

ビオラ

燻製アーモンド

**組み立て方**／器：平大皿（直径30.5cm）

1. スプーンに生クリームを取り、皿にラインを描き、パン・ド・ジェンヌをラインの先におき、りんごのピュレを塗る。

2. クランブルをふり、Aをそれぞれ絞り袋に入れて皿に点を描き、パン・ド・ジェンヌにタタンをのせ、アイスを15mlディッシャーでくりぬいておく。

3. コンポートをのせ、Aの濃縮りんごソースのあまりを筆に取り、コンポートに塗ってつやを出し、フィユタージュ・アンヴェルセをのせる。

4. 燻製アーモンドをちらし、ビオラを飾り、りんごのピュレを点状に花の上に絞る。

# Kaki, banane et rhum façon mille-feuille

## 柿とバナナとラム酒のミルフィーユ仕立て

ラム酒のアイスクリーム、バナナのキャラメリゼ、柿のソテー、キャラメル、
ラム酒風味のクレーム・フェッテ etc.

ミルフィーユと言えば、層状に積み重ねたフイユタージュとクレームを味わい楽しむもの。
ここではアシェット・デセールらしくアレンジしました。
フイユタージュを横に2つ並べ、皿に寝かせてミルフィーユを組み立て、秋のおいしさを盛り込んで。
ボリュームを出しつつ、シャープなフォルムにまとめました。

# フイユタージュ・アンヴェルセ

**材料**／1000g分（焼成前、作りやすい分量）2個（約100g）使用

A 薄力粉……150g
　強力粉……250g
　発酵バター……130g

B 薄力粉……95g
　強力粉……95g
　発酵バター……450g

C 塩……10g
　サワークリーム……50g
　グラニュー糖……35g
　白ワインビネガー……3g
水（氷水を漉したもの）……100g

## 準備

**1** Aの粉類をボウルにふるい、バターを1cm角に切って入れ、冷凍庫で30分冷やす（a）。

**2** Bの粉類を別のボウルにふるい、バターを1cm角に切って入れ、冷蔵庫で1時間冷やす（b）。

**3** もう1つ別のボウルにCを入れ、よく混ぜてペースト状になったら、水を加えて混ぜ、冷蔵庫で30分冷やす（c）。

## 生地を作る

**1** フードプロセッサー（高速）に（a）を断続的にかけ、バターが細かい粒になるまで攪拌する。

**2** （c）を加え、ひとまとまりになるまでフードプロセッサー（高速）に断続的にかける。

**3** 15×15cmほどの平らな正方形に成形してラップで包み、冷蔵庫で1日寝かせる。

**4** フードプロセッサー（高速）に（b）をかけ、ひとまとまりになるまで攪拌する。

**5** 20×20cmほどの平らな正方形に成形してラップで包み、冷蔵庫で1日寝かせる。

**6** 打ち粉（分量外）をした作業台に5の生地をのせ、麺棒で均一な力を加えながら徐々に4つ角をのばす。

**7** さらに徐々にのばして、厚さ1〜1.5cm、25cm四方の正方形に成形する。

**8** 3の生地をずらしておく。

**9** 4つ角を中心に向かって折り込み、閉じ目をしっかりくっつける。

10

裏返して閉じ目を下にし、麺棒で軽く押して厚さ1.5cmにのばし、ラップに包んで冷蔵庫で30分休ませる。

11

冷蔵庫から出して打ち粉（分量外）をした作業台におき、生地がひび割れないように、4つの側面を手のひらで押す。

12

麺棒で上から少しずつ押さえて中に折り込んだ生地が均一にのびるようにのばしていく。

13

続けて麺棒を中心から上下に転がしながら、18×54cmの縦長の長方形にのばす。

14

上下と左右の辺が直線を保つように、カードで成形しながら、厚さ1.5cmにのばす。

15

短い2辺を1.5cmずつ包丁で切り落とし、表面の打ち粉を刷毛ではらいながら、三つ折りにする。

16

カードで形を整え、麺棒で上下、左右に少しのばしながら密着させ、ラップで包んで冷蔵庫で1時間休ませる。

17

冷蔵庫から出し、打ち粉（分量外）をした作業台に折り山を左側にしておき、11〜14と同様に厚さ1cmにのばす。

18

短い2辺を1.5cmずつ包丁で切り落とし、表面の打ち粉を刷毛ではらいながら、三つ折りにする。

19

カードで形を整え、麺棒で上下、左右に少しのばしながら密着させ、ラップで包んで冷蔵庫で1時間休ませる。

20

冷蔵庫から出し、打ち粉（分量外）をした作業台に折り山を左側にしておき、11〜14と同様に厚さ8mmにのばす。

21

短い2辺を1.5cmずつ包丁で切り落とし、表面の打ち粉を刷毛ではらいながら、三つ折りにする。

22

カードで形を整え、麺棒で上下、左右に少しのばしながら密着させ、ラップで包んで冷蔵庫で1時間休ませる。

23

冷蔵庫から取り出し、生地を半分に切る。

24

麺棒で上下左右に均等にのばして厚さ4mmにし、オーブンシートを敷いた天板において、冷蔵庫で30分休ませる。

25

冷蔵庫から出し、打ち粉（分量外）をした作業台におき、手で生地をたゆませる。

| 26 | 27 | 28 | 29 |
|---|---|---|---|
|  |  |  |  |
| 麺棒で30cm四方、厚さ3mmほどにのばし、カードで形を整え、ラップをかけて冷蔵庫で30分休ませる。 | 冷蔵庫から出してオーブンシートにおき、手で生地をたゆませ、ラップをかけて冷蔵庫で1時間休ませる。 | 冷蔵庫から出し、生地の端を少し切り落とし、2cm幅の長方形を2本切り出し、1本を長さ20cmに切る。 | それぞれの長方形を山形になるように切る（d）。 |

焼く

| 1 | 2 | 3 | memo |
|---|---|---|---|
|  |  |  | ＊生地を折り込んでいく際は、生地の間に空気が入らないようにします。 |
| 直径15cm、16cmのセルクルを用意し、15cmの外周にバター（分量外）を塗ってオーブンシートを貼る。 | 1の直径15cmのセルクルに（d）の生地を一つ巻きつける。 | 直径16cmのセルクルをかぶせ、もう一つの生地も同様にし、ダンパーを開けた180℃のオーブンで20分ほど焼く。 | ＊2つのセルクルは高さ3cm以上あるものを使用します（写真は高さ5cmのセルクル）。＊生地は冷凍庫で3週間（ただし、2回折り込んだ後、ラップをかけて保存）、焼成後は常温で1日保存可能です。 |

# ラム酒風味のクレーム・フェッテ

**材料**／10皿分（作りやすい分量）15g使用
生クリーム（35%）……130g
ラム酒……13g

**作り方**
ボウルに生クリームを入れて9分立てにし、ラム酒を加えて混ぜる。

memo

冷蔵庫で2日間保存可能です。

# バナナのキャラメリゼ

**材料**／1皿分3個使用
バナナ（厚さ1cmの輪切り）……3個
ヴェルジョワーズ（てんさい糖）……適量

**作り方**
バナナを天板にのせ、表面に薄くヴェルジョワーズをかけ、バーナーであぶる。

memo

冷蔵庫で1日間保存可能です。

# 木の葉のチュイール

材料／15枚分（作りやすい分量）大1枚、小3枚使用

A さつまいも（乱切り）……63g
| 牛乳……20g
牛乳……26g
粉糖……10g

薄力粉……5g
シナモンパウダー、チョコレート色素（オレンジ色）……各適量

作り方

耐熱ボウルにAを入れ、さつまいもがやわらかくなるまで、500Wの電子レンジで3分ほど加熱し、ボウルに裏漉しする。

計量して60gあれば、牛乳を加えて混ぜ、ふるった粉糖と薄力粉、シナモンパウダーを順に加えて混ぜる。

シルパットに大小の葉の形の型をのせ、パレットで2を取ってのばし、すり切る。

memo

＊型はプラスチック素材のシートを好みの大小の葉の形にくりぬいて作ります。
＊保存の際は乾燥剤と一緒に密封容器に入れて常温保存。4日間保存可能です。

天板にのせ、ダンパーを開けた160℃のオーブンで10分ほど色づくまで焼く。

焼きあがったらすぐにはがし、カーブをつける。

エアブラシにチョコレート色素を入れ、5に吹きかける。

# ラム酒のアイスクリーム

材料／15皿分（作りやすい分量）30g使用

A 牛乳……157g
| 生クリーム（35%）……152g
| 水あめ……21g
| バニラビーンズ……⅓本分

B グラニュー糖……24g
| ヴェルジョワーズ（てんさい糖）……24g
| 卵黄……53g
ラム酒……10g

作り方

鍋にAを入れて中火にかけ、沸いたらラップをかけて冷蔵庫で1時間休ませる。

ボウルにBを入れてすり混ぜ、1を再び沸かして少しずつ加えて混ぜる。

鍋に戻し、弱火〜中火にかけて、混ぜながら82℃まで加熱する。

ボウルに3を漉し入れ、氷水にあてて10℃以下に冷まし、ラム酒を加えて混ぜる。

アイスクリームマシンにかけ、空気を含んで白っぽくなり、マシンの羽にくっつく程度のかたさになったらとめる。

memo

＊アイスクリーム液の空気の含みがあまいと、かたい仕上がりになってしまうので注意します。
＊冷凍庫で2週間保存可能です。

# クレーム・ムスリーヌ

**材料**／10皿分
（作りやすい分量）40g使用
バター……50g
クリームチーズ……40g
クレーム・パティシエール
　（p10参照）……150g
ラム酒……5g

作り方

ボウルに常温に戻したバターを入れ、ねってクリーム状にし、クリームチーズを加えて混ぜる。

ほぐしたクレーム・パティシエールをダマにならないよう少しずつ加えてやわらかくなるまで混ぜる。

ラム酒を加え、さっと合わせる。

memo

冷蔵庫で1日保存可能です。

# 柿のソテー

**材料**／5皿分（作りやすい分量）20g使用
グラニュー糖……30g
バター……10g
柿（ある程度かたさがあるもの／1cm角）……100g
ラム酒……3g
シナモンパウダー……適量

<u>memo</u>

冷蔵庫で1日保存可能です。

**作り方**

1 鍋にグラニュー糖を入れ、中火で加熱し、濃い色のキャラメルを作る。

2 火をとめ、バターを加えて軽く混ぜる。

3 再び中火にかけ、柿を加えて混ぜながら加熱する。

4 火からおろし、ラム酒とシナモンパウダーで味を調える。

# 〈組み立て〉

**材料**／1人分
キャラメル（p95参照）……15g
フイユタージュ・アンヴェルセ……2個
クレーム・ムスリーヌ……40g
ショコラのクランブル（p100参照）……5g
ラム酒風味のクレーム・フェッテ……15g
柿……¼個

バナナのキャラメリゼ……3個
柿のソテー……20g
ラム酒のアイスクリーム……30g
木の葉のチュイール……大1枚、小3枚
ショコラのパーツ（p148参照）……3g
かたばみ……適量

ショコラのパーツ
かたばみ
木の葉のチュイール
柿のソテー
ラム酒のアイスクリーム
フイユタージュ・アンヴェルセ

キャラメル
バナナのキャラメリゼ
柿
クレーム・ムスリーヌ
ラム酒風味の
クレーム・フェッテ
ショコラのクランブル

1 キャラメルをスプーンに取り、皿にラインを描く。

2 フイユタージュ・アンヴェルセ2つを隙間をあけておき、丸口金の絞り袋でクレーム・ムスリーヌを隙間に絞る。

3 ショコラのクランブルをちらし、ラム酒風味のクレーム・フェッテを小さめのスプーンでクネルしてのせる。

4 くし形にして2等分に切った柿をおき、バナナのキャラメリゼをのせる。

5 柿のソテーをクレーム・フェッテのクネルや柿のそばにおく。

6 ラム酒のアイスクリームを大きめのスプーンでクネルし、フイユタージュ・アンヴェルセの中央におく。

7 木の葉のチュイールを動きが出るようにのせる。

8 ショコラのパーツをのせ、かたばみを飾る。

# Technique de base 1
## 生クリームの泡立て方の違い

本書のレシピでは、7分立て、8分立て、9分立ての生クリームが登場します。
どれも泡立て器で泡立てますが、泡立て具合によって、
クレームやソース、生地の仕上がりに違いが出るため、それぞれの目安を紹介します。

**7分立て**
ほんのり山ができるかたさ。

**8分立て**
少しつのが立つかたさ。

**9分立て**
しっかりつのが立つかたさ。

# Soufflé au fromage et fruits rouges, parfumé au thym

## スフレ・フロマージュとフリュイ・ルージュ タイムの香り

スフレ・フロマージュ、フリュイ・ルージュとタイムのアイスクリーム、
ココナッツアイスクリーム、タイム風味のチーズクリーム、フロマージュ・クリュ、
グリオットのコンポート、アプリコットとオレンジのコンフィチュール etc.

いちご、フランボワーズ、ブルーベリーなど、赤い果実の酸味と、
フロマージュのクリーミーさ、程よい塩みを組み合わせました。
互いを引き立て合うよう、スフレ、アイスクリーム、コンポート、クリームなど、
様々なパーツにして組み立て、随所にタイムを加えて一体感が生まれるようにしています。

# スフレ・フロマージュ

材料／直径5.5cm高さ5cmのセルクル10個分（作りやすい分量）1個使用

| | | |
|---|---|---|
| 卵白……54.5g | 牛乳……35g | グラニュー糖……17.5g |
| レモン果汁……2.3g | 生クリーム（35%）……35g | トレハロース……18g |
| クリームチーズ……62.5g | A 卵黄……18g | |
| チェダーチーズ……10g | ┃ グラニュー糖……5g | |
| | ┃ コーンスターチ……7g | |

## 準備

**1**
ミキサーボウルに卵白とレモン果汁を入れ、冷蔵庫で10〜15分冷やす（a）。

**2**
直径5.5cmのセルクルの底をラップで覆い、輪ゴムでしっかりとめる（b）。

## 作り方

**1**
ボウルにクリームチーズとチェダーチーズを入れ、湯煎にかけて溶かす。

**2**
鍋に牛乳、生クリームを入れて中火で沸かし、ボウルに入れてすり混ぜておいたAに少しずつ加えて混ぜ、鍋に戻す。

**3**
再び中火にかけ、ゴムベラで絶えず混ぜながら加熱する。

**4**
1に3を加え、ハンドブレンダーでチーズのダマがなくなるまで混ぜ、さらにゴムベラで混ぜる。

**5**
冷蔵庫から（a）を取り出し、グラニュー糖とトレハロースを加え、ミキサー（高速）でしっかりと泡立てる。

**6**
4に5の1/3量を加えてしっかり混ぜたら、残りを加え、リボン状よりも少しやわらかく垂れるまでしっかり混ぜる。

**7**
天板に（b）を間隔をあけて並べ、絞り袋に入れた6をセルクルの底から1.5cmの高さまで絞り入れ、平らにならす。

**8**
天板に湯（分量外）を入れ、ダンパーを開けた130℃のオーブンで30分、湯煎焼きする。

**9**
焼きあがったら、湯煎からおろし、ラップをつけたまま冷蔵庫で1時間冷やす。

<u>memo</u>

＊ミキサーはホイッパーをつけて使います。
＊湯煎焼きの湯は、セルクルに入り込まないように、輪ゴムよりも下に水位がくるように入れ、途中、湯がなくなりそうなら湯をたします。
＊冷凍庫で2週間保存可能です。

## タイム風味のチーズクリーム

**材料**／8皿分（作りやすい分量）30g使用

| | | |
|---|---|---|
| クリームチーズ……58g | グラニュー糖……23g | 全卵……1個 |
| カマンベールチーズ……13g | トレハロース……17g | レモン果汁……2.3g |
| 牛乳……38g | バニラビーンズ……⅙本分 | タイムパウダー……適量 |
| 生クリーム（35%）……41g | コーンスターチ……6g | |

**作り方**

1 ボウルにクリームチーズとカマンベールを入れ、湯煎にかけてやわらかくする。

2 鍋に牛乳⅔量、生クリーム、グラニュー糖⅔量、トレハロース、バニラビーンズを入れ、中火で沸かす。

3 別のボウルに残りのグラニュー糖とコーンスターチを入れて混ぜ、残りの牛乳で溶いて2に加え、中火で沸かす。

4 1をゴムベラでほぐし、3を加えてチーズのダマがなくなるまでハンドブレンダーで混ぜる。

5 全卵とレモン果汁、タイムパウダーを加え、ハンドブレンダーで混ぜ、深めのバットに漉し入れる。

6 天板に5をのせ、天板に湯（分量外）を入れ、ダンパーを開けた130℃のオーブンで30分ほど湯煎焼きする。

7 ボウルに移し、氷水にあてながら、ハンドブレンダーでなめらかなクリーム状になるまで混ぜる。

memo

＊タイムパウダーは香りがつく程度に加えます。
＊カマンベールチーズの白カビ部分が残っている場合があるので、5で漉して取り除きます。
＊湯煎焼きの途中に湯がなくなりそうならたします。
＊冷蔵庫で3日間保存可能です。

## フリュイ・ルージュとタイムのアイスクリーム

**材料**／20皿分（作りやすい分量）2個使用

| | |
|---|---|
| 牛乳……160g | B レモン果汁……4g |
| 生クリーム（35%）……40g | ┃ クレーム・ド・フランボワーズ……10g |
| グラニュー糖……46g | フランボワーズ（冷凍／粒をばらしたもの）……40g |
| 水あめ……12g | ブルーベリー（半分に切ったもの）……12g |
| タイム……2g | |
| A いちごのピュレ……200g | |
| ┃ フランボワーズのピュレ……60g | |
| ┃ チェリーのピュレ……40g | |

鍋に牛乳、生クリーム、グラニュー糖を入れ、混ぜながら中火で沸騰直前まで沸かす。

水あめを加えて溶かし、タイムを入れて混ぜ、ラップをかけて1日蒸らす（a）。

（a）を再び沸かし、ボウルに漉し入れて絞り出す。

別のボウルに刻んだAを入れ、Bを加えて混ぜ、1を加えてハンドブレンダーで混ぜ、氷水にあてて10℃以下に冷ます。

アイスクリームマシンにかけ、空気を含んで白っぽくなったら、フランボワーズとブルーベリーを加える。

アイスクリームマシンの羽にくっつく程度のかたさになったらとめる。

### memo

＊アイスクリーム液の空気の含みがあまいと、かたい仕上がりになってしまうので注意します。
＊組み立ての際に15mlディッシャーで2個くりぬきます。
＊冷凍庫で2週間保存可能です。

## グリオットのコンポート

**材 料**／10皿分（作りやすい分量）2粒使用
グリオット（冷凍／ホール）……50g　　レモンの皮（すりおろす）……1.8g
グラニュー糖……25g　　タイムパウダー……0.3g
チェリーのピュレ……12.5g

鍋にタイムパウダー以外の材料を入れ、中火でグリオットが煮くずれない程度に煮る。

タイムパウダーを加えて混ぜる。

### memo

＊煮た時にできるシロップは、グリオットのクリーム（p27）を作る際に使用します。
＊冷蔵庫で3日間保存可能です。

# ココナッツアイスクリーム

**材料** ／20皿分（作りやすい分量）30g使用
無脂肪乳……500g　　　　グラニュー糖……70g
ココナッツファイン……100g　ココナッツリキュール……12.5g

**準備**

耐熱ボウルに無脂肪乳を入れ、500Wの電子レンジで5分加熱し、ココナッツファインを加え、ラップをかけて冷蔵庫で1日寝かせる（a）。

**作り方**

ボウルに（a）を漉し入れ、さらにココナッツファインを手でしっかり絞り、グラニュー糖とココナッツリキュールを加えて混ぜる。

アイスクリームマシンにかけ、空気を含んで白っぽくなり、マシンの羽にくっつく程度のかたさになったらとめる。

memo

＊無脂肪乳はこげつきやすいので、鍋であたためる場合、絶えずかき混ぜます。
＊アイスクリームマシンにかける前に10℃以上になっていたら、氷水にあてて10℃以下にします。
＊アイスクリーム液の空気の含みがあまいと、かたい仕上がりになってしまうので注意します。
＊冷凍庫で2週間保存可能です。

# レモンクリーム

**材料** ／20皿分（作りやすい分量）10g使用
レモン果汁……35g
オレンジ・コンサントレ……25g
卵黄……13g
グラニュー糖……10g
ショコラ・ブラン（36％）……35g
生クリーム（35％／7分立て）……15g

memo

生クリームを混ぜる前のクリームは冷凍庫で2週間、生クリームを混ぜた後のクリームは冷蔵庫で1日保存可能です。

**作り方**

鍋にレモン果汁とオレンジ・コンサントレを入れ、中火で沸かす。

ボウルに卵黄とグラニュー糖を入れてすり混ぜ、1を少し加えて混ぜる。

1の鍋に2を戻し、混ぜながら中火で81℃になるまで加熱し、火をとめる。

ボウルに漉し入れ、ショコラを加えてハンドブレンダーで混ぜ、氷水にあてて冷まし、生クリームを入れて混ぜる。

# アプリコットとオレンジのコンフィチュール

**材料**／12皿分（作りやすい分量）10g使用
アプリコット（セミドライ／3mm角）……30g
オレンジ（1cm角）……50g
三温糖……30g
アニスパウダー……適量

**作り方**
鍋にアニスパウダー以外の材料を入れ、弱火で全体に軽く
とろみがつくまで煮て、アニスパウダーで味を調える。

memo

＊火が強いと先に水分が蒸発
してかたい仕上がりになって
しまうので弱火で煮ます。
＊冷蔵庫で7日間保存可能で
す。

---

# グリオットのクリーム

**材料**／5皿分（作りやすい分量）8g使用
グリオットのコンポートのシロップ……15g
マスカルポーネチーズ……30g
クレーム・ド・フランボワーズ……2.5g

**作り方**
ボウルにすべての材料を入れて混ぜる。

memo

＊グリオットのコンポートの
シロップは、グリオットのコ
ンポート（p25）を作った際
にできるものを使います。
＊冷蔵庫で2日間保存可能で
す。

---

# フロマージュ・クリュ

**材料**／8皿分（作りやすい分量）20g使用
クリームチーズ……55g　　キルシュ……2g
サワークリーム……15g　　生クリーム（35%）……75g
グラニュー糖……12g　　　レモン果汁……2g

**作り方**　＊写真は2倍量です

ボウルにクリームチーズとサ
ワークリーム、グラニュー糖、
キルシュを入れ、やわらかく
なるまで練る。

生クリームを少しずつ加えな
がら、ダマができないように
混ぜる。

つのが立つ程度に泡立て、レ
モン果汁を加えてなじませる。

memo

＊クリームチーズは熱を持つ
とだれてしまい、かたく泡立
ちにくくなってしまうので、
あたたかい場所での作業を避
けて手早く泡立てます。
＊レモン果汁の酸は凝固作用
があるので、レモン果汁を加
えてからは混ぜすぎないよう
にします。また、酸と反応し
て金気が出てしまう場合があ
るので、できればプラスチッ
ク製ボウルの使用をおすすめ
します。
＊冷蔵庫で1日保存可能です。

# バニラのクランブル

**材料**／20皿分（作りやすい分量）10g使用

A　バター……55g
　　発酵バター……55g
　　塩……0.4g
　　バニラビーンズ……0.5本分
　グラニュー糖……67g

　　全卵……6g
B　薄力粉……100g
　　強力粉……75g
　カカオバター……焼成後の生地の⅓量

**準 備**

1
ミキサーボウルにAを入れて、ミキサー（低速）でなめらかになるまで混ぜ、グラニュー糖を加えて混ぜる。

2
全卵を少しずつ加え、混ぜて乳化させ、ふるったBを加え、粉気がなくなるまで混ぜ、冷蔵庫で一晩寝かせる。

**作り方**

1
冷蔵庫から取り出し、目の粗いふるいにかけ、天板に押し出して広げる。

2
ダンパーを開けた160℃のオーブンで10分ほど焼き、取り出してほぐし、再び焼き色がつくまで5分ほど焼く。

3
カカオバターを500Wの電子レンジに1分ずつ数回かけて溶かし、2を加えて混ぜる。

4
オーブンシートを敷いた天板に3を広げ、冷蔵庫で1時間冷やしかためる。

memo

＊ミキサーはビーターをつけて使います。
＊カカオバターは、生地の焼成後に計量します。カカオバターをからめると油脂分の膜ができ、あとで冷やして使う時に生地が湿気にくくなります。
＊焼く前の生地は冷凍庫で3週間、焼いた後の生地は乾燥剤と一緒に密封容器に入れて常温で7日間保存可能です。

# メレンゲ

**材料**／80個分（作りやすい分量）2個使用

卵白……65g
レモン果汁……3g
グラニュー……24g
トレハロース……24g
コーンスターチ……6g

作り方

ミキサーボウルにコーンスターチ以外の材料を入れ、混ぜながら湯煎にかけ、70℃になるまであたためる。

ミキサー（高速）でつのが立つ程度に泡立てる。

コーンスターチを加えてゴムベラでしっかり混ぜる。

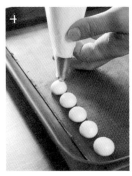

小さめの丸口金をつけた絞り袋に入れ、シルパットを敷いた天板に丸く絞る。

100℃のオーブンで2時間ほど乾燥焼きし、シルパットからはずす。

memo

＊ミキサーはホイッパーをつけて使います。
＊保存の際は乾燥剤と一緒に密閉容器に入れて常温保存。7日間保存可能です。

# クランベリーの糖衣がけ

**材料**／15皿分（作りやすい分量）10g使用
水……12.5g
グラニュー糖……50g
クランベリー（乾燥／5mm角）……50g

memo

保存の際は乾燥剤と一緒に密封容器に入れて常温保存。2週間保存可能です。

**作り方**　＊写真は2倍量です

鍋に水とグラニュー糖を入れ、中火で118℃まで加熱し、煮詰める。

火からおろし、クランベリーを加え、木ベラで全体が再結晶化するまでよく混ぜる。

オーブンシートの上にのせ、一粒一粒パラパラにして冷ます。

# ミントの砂糖漬け

**材料**／17皿分（作りやすい分量）3g使用
卵白……1.5g
スペアミント……3g
グラニュー糖……33g

memo

保存の際は乾燥剤と一緒に密
封容器に入れて常温保存。2
週間保存可能です。

**作り方**　＊写真は3倍量です

| 1 | 2 | 3 | 4 |
|---|---|---|---|
| ボウルに卵白を入れて溶き、茎を取ったミントを加えて混ぜ、卵白を表と裏にまんべんなくつける。 | グラニュー糖を加え、表と裏にまんべんなくつける。 | オーブンシートを敷いた天板の上に並べ、湿度の低い涼しい場所で、途中で裏返しながら、2日間乾燥させる（a）。 | フードプロセッサーに（a）を入れ、高速で粗く砕く。 |

# 〈組み立て〉

**材料**／1人分

| | |
|---|---|
| グリオットのクリーム……8g | レモンクリーム……10g |
| タイム風味のチーズクリーム……30g | ミントの砂糖漬け……3g |
| バニラのクランブル……10g | A フリュイ・ルージュとタイムのアイスクリーム……2個 |
| クランベリーの糖衣がけ……10g | B ココナッツアイスクリーム……30g |
| フロマージュ・クリュ……20g | フランボワーズ……1個 |
| グリオットのコンポート……2粒 | 食用菊（花びら）……2枚 |
| ブルーベリー（半分に切ったもの）……2粒分 | メレンゲ……2個 |
| アプリコットとオレンジのコンフィチュール……10g | タイム、粉糖……各適量 |
| スフレ・フロマージュ……1個 | |

タイム

スフレ・フロマージュ
下にフロマージュ・クリュ、
アプリコットとオレンジのコンフィチュール

粉糖をつけたフランボワーズ

食用菊

グリオットのクリーム

ミントの砂糖漬けをまぶした
フリュイ・ルージュとタイムの
アイスクリーム

メレンゲ

バニラのクランブル

タイム風味のチーズクリーム

グリオットのコンポート

ココナッツアイスクリーム

クランベリーの糖衣がけ

ブルーベリー

レモンクリーム

1 皿にグリオットのクリームでラインを描き、丸口金の絞り袋でタイム風味のチーズクリームを絞る。

2 バニラのクランブルとクランベリーの糖衣がけをちらす。

3 フロマージュ・クリュをクネルして２つのせる。

4 グリオットのコンポートとブルーベリーをおき、アプリコットとオレンジのコンフィチュールをクネルの上にのせる。

5 スフレ・フロマージュを中央にのせ、絞り袋にレモンクリームを入れて皿に点を描く。

6 Aのアイスを15mlディッシャーで２個くりぬき、ミントの砂糖漬けをまぶしてのせ、Bのアイスをのせる。

7 粉糖を先につけたフランボワーズをのせ、タイムと菊、メレンゲを飾る。

memo

アイスクリームは皿に直接おくと溶けやすいので、クランブルの上にのせます。

# Technique de base 2
## クネルの作り方

クネルとは、クレームやアイスクリームなどを、スプーンを使って円筒形に成形すること。つばの深いスプーンがクネルしやすく、サイズによって大小のスプーンがあると重宝します。

カップなどに湯を用意し、スプーンを浸けてあたためる。

ボウルにクレームなどを縁によせて用意する。

ボウルの底から縁に向かって一気にすくいあげる。

すぐに皿の盛りつけたい場所にのせる。

# Composition à la poire, Earl Grey et olive

## 洋梨とアールグレイとオリーブのコンポジジョン

洋梨のムース、アールグレイのクレーム・ブリュレ、洋梨のソルベ、
洋梨とバニラとオリーブのコンフィチュール、はちみつとオリーブオイルのソース etc.

甘くとろっとした洋梨に、アールグレイが放つベルガモットの香りと渋みを加えた、
上品な味わいの一皿です。アクセントはオリーブ。独特の食感と塩みでメリハリをきかせました。
シャキシャキとみずみずしい和梨を飾り、洋梨と食感や味を対比させながら、
フォルムに個性とおもしろさを出してみました。

# アールグレイのクレーム・ブリュレ

**材料** ／直径5.5cm高さ5cmのセルクル9個分（作りやすい分量）¾個使用

| | |
|---|---|
| 牛乳……90g | 卵黄……55g |
| 生クリーム（35%）……90g | グラニュー糖……40g |
| アールグレイ……4g | 板ゼラチン……2g |

**作り方**

鍋に牛乳と生クリームを入れ、中火で沸かし、火からおろしアールグレイを加えて混ぜ、ラップをかけて5分蒸らす。

別の鍋に漉し入れて絞り出し、中火で沸かす。

ボウルに卵黄とグラニュー糖を入れてすり混ぜ、2を少しずつ加えて混ぜる。

ボウルに漉し入れ、氷水（分量外）で戻した板ゼラチンを加えて溶かす。

氷水にあてて混ぜながら冷やす。

直径5.5cmのセルクルの底にラップを巻いて輪ゴムでとめ、天板に間隔をあけて並べ、6を高さ1cm程度に入れる。

天板ごとラップをかけ、もう1枚の天板をかぶせて、スチーム機能の100℃のオーブンで8〜10分焼く。

オーブンから出し、天板にかけたラップと天板をはずし、粗熱を取る。

底のラップごとセルクルをはずし、OPPシートを敷いたバットにのせ、冷蔵庫で3時間以上冷やしかためる。

4つに切る。

## memo

＊揺らしても揺れない程度のかたさになれば焼き上がりです。

＊冷凍庫で7日間保存可能です。

# 洋梨のソルベ

**材料**／15皿分（作りやすい分量）4個使用

洋梨（大）……½個
レモン果汁……7.5g
A　グラニュー糖……50g
　│　水……135g

B　洋梨のピュレ……50g
　　レモン果汁……7g
　　りんごリキュール……18g

**作り方**

1 洋梨は皮をむいて芯を取り除き、1cm角に切る。

2 鍋に1とレモン果汁を入れてふたをし、弱火で透明感が出てやわらかくなるまで加熱する。

3 火からおろして粗熱を取り、氷水にあてて冷やす。

4 別の鍋にAを入れ、中火にかけて沸いたら、そのまま3分加熱し、ボウルに移して氷水にあてて混ぜながら冷やす。

5 4に3とBを加えて混ぜ、再び氷水にあてて10℃以下に冷やす。

6 アイスクリームマシンにかけ、空気を含んで白っぽくなり、マシンの羽にくっつく程度のかたさになったらとめる。

7 OPPシートを敷いた作業台に6をのせ、シートをもう1枚かけてはさみ、麺棒で厚さ1cmほどにのばす。

8 冷凍庫で2時間冷やしかため、冷凍庫から出し、1cm角に切る。

memo

＊ソルベ液の空気の含みがあまいと、かたい仕上がりになってしまうので、注意します。
＊1cmの角材を両サイドにおくと均等の厚さにのばしやすくなります。
＊冷凍庫で2週間保存可能です。

# 洋梨とバニラとオリーブのコンフィチュール

**材 料**／8皿分（作りやすい分量）10g使用

洋梨……100g　　　　　　　　グラニュー糖……30g
グリーンオリーブ（塩気の弱いもの）……20g　　バニラビーンズ……½本分

**作 り 方**

1 洋梨は皮をむいて半分に切り、芯を取り除いて1.5cm角に切り、オリーブは5mm角に切る。

2 鍋に1の洋梨とグラニュー糖、バニラビーンズを入れ、中火でとろみがつくまで（Brix 42%）加熱する。

3 火からおろし、1のオリーブを加えて混ぜる。

### memo

＊洋梨は途中であくを取り除きながら加熱します。
＊オリーブは種つきの場合、種を取り、塩気が強い場合は、5mm角に切り、水に半日ほどさらして塩気を抜きます。
＊冷蔵庫で7日間保存可能です。

---

# 洋梨のコンポート

**材 料**／4皿分（作りやすい分量）25g使用

洋梨……¼個　　　　　　バニラビーンズ……½本分
白ワイン……100g　　　　レモン（厚さ1cmのスライス）……1枚
グラニュー糖……30g　　　オレンジ（厚さ2cmのスライス）……1枚

### memo

冷蔵庫で5日間保存可能です。

**作 り 方**

1 洋梨は皮をむき、芯を取り除いて3つに切る。

2 鍋に残りの材料を入れて中火で沸かし、1の洋梨を加え、弱火でやわらかくなるまで5分ほど加熱する。

3 ボウルに移し、密着させてラップをかけ、常温で冷まし、冷蔵庫で1日寝かせる。

4 洋梨を取り出し、5mm角に切る。

# 洋梨のムース

**材料**／直径4.5cmシリコン半球型15個分（作りやすい分量）1個分使用
洋梨のピュレ……83g　　　生クリーム（35%／7分立て）……83g
板ゼラチン……2g　　　　洋梨のコンポート（p35参照）……25g
りんごリキュール……4.3g

memo
冷凍庫で2週間保存可能です。

**作り方**

鍋に洋梨のピュレ½量を入れ、中火で混ぜながら80℃まで加熱する。

火からおろし、氷水（分量外）で戻した板ゼラチンを加えて溶かす。

残りの洋梨のピュレを加えて混ぜる。

ボウルに移し、氷水にあてて30℃まで冷ます。

氷水から出し、りんごリキュール、生クリームの順に加えて混ぜる。

洋梨のコンポートを加え、さっくりと混ぜる。

絞り袋に入れて半球型に絞り出し、パレットでならす。

冷凍庫で2時間冷やしかため、冷凍庫から出して半分に切る。

# はちみつとオリーブオイルのソース

**材料**／7皿分（作りやすい分量）5g使用
はちみつ……20g
オリーブオイル……10g
ライチリキュール……6g

**作り方**
ボウルにすべての材料を入れ、よく混ぜて乳化させる。

memo
冷蔵庫で7日間保存可能です。

# 〈組み立て〉

材料／1人分
はちみつとオリーブオイルのソース……5g
アールグレイのクレーム・ブリュレ……¾個分
洋梨のムース……1個分
生クリーム（35%／9分立て）……20g

洋梨とバニラとオリーブのコンフィチュール……10g
洋梨のソルベ……4個
和梨……¼個
バイオレット、セルフィーユ……各適量

和梨、
下に上から順に洋梨のソルベ、
洋梨とバニラとオリーブのコンフィチュール、
生クリーム

バイオレット

アールグレイの
クレーム・ブリュレ

洋梨のムース

はちみつとオリーブオイルのソース

セルフィーユ

組み立て方／器：平大皿（直径30.5cm）

1

はちみつとオリーブオイルの
ソースをスプーンに取り、器
にラインを描く。

2

アールグレイのクレーム・ブ
リュレと洋梨のムースを交互
に並べる。

3

生クリームを小さめのスプー
ンでクネルし、2の上に重ね
ておく。

4

洋梨とバニラとオリーブのコ
ンフィチュールをのせる。

5

洋梨のソルベをのせ、和梨の
皮をむき、ピーラーで薄くス
ライスして丸めて上におく。

6

バイオレットとセルフィーユ
を飾る。

# Sorbet aux griottes et romarin, mousse au chocolat blanc, parfumé au Shiso rouge

## グリオットとローズマリーのソルベ、ショコラ・ブランのムース　赤紫蘇の香り

グリオットとローズマリーのソルベ、ショコラ・ブランのムース、
グリオットのコンフィチュール、赤紫蘇のソース etc.

グリオットの独特な酸味とローズマリーの華やかな香りが主役。
キューブ型のソルベに仕立てて存在感を出し、
甘くまろやかなショコラのムースと組み合わせ、主役の持ち味を強く感じられるようにしました。
赤紫蘇と梅酒のソースを加え、味と香りに深みを持たせながら、赤と白が映えるように組み立てます。

# ショコラ・ブランのムース

材料／12×12cm高さ5cm角型1台分（作りやすい分量）4個使用

| | |
|---|---|
| 牛乳……46g | 板ゼラチン……1.5g |
| 卵黄……17.5g | ショコラ・ブラン（35%）……44g |
| グラニュー糖……7g | 生クリーム（35%／7分立て）……107g |

memo

冷凍庫で7日間保存可能です。

作り方　＊写真は2倍量です

1 鍋に牛乳を入れ、中火で沸騰直前まで沸かす。

2 ボウルに卵黄とグラニュー糖を入れてすり混ぜ、1を少しずつ加えて混ぜる。

3 鍋に戻し、弱火で混ぜながら80℃まで加熱し、火をとめ、氷水（分量外）で戻した板ゼラチンを加えて溶かす。

4 ボウルにショコラを入れて湯煎で溶かし、3を漉し入れる。

5 ハンドブレンダーにかけて乳化させる。

6 氷水にあてて28℃まで冷まし、生クリームを加えて混ぜる。

7 12×12cmの角型に入れ、冷凍庫で3時間冷やしかためる。

8 冷凍庫から取り出して型をはずし、厚さ1.5cm、2cm四方に切る。

# 赤紫蘇の砂糖漬け

作り方

材料／25皿分

（作りやすい分量）3g使用

赤紫蘇の葉……5g

卵白……2.5g

グラニュー糖……50g

1 赤紫蘇の表と裏に溶いた卵白を塗り、グラニュー糖をまんべんなくつけ、オーブンシートを敷いた天板に並べる。

2 途中で表と裏を返しながら、涼しい場所で2日間乾燥させる。

3 フードプロセッサー（中速）で粗く砕く。

memo　保存の際は乾燥剤と一緒に密封容器に入れて常温保存。7日間保存可能です。

# グリオットとローズマリーのソルベ

**材 料**／20個分（作りやすい分量）4個使用
水……500g　　　　ローズマリー……10g
グラニュー糖……90g　　グリオットのピュレ……700g

**準 備**　　　　　　　**作 り 方**

鍋に水とグラニュー糖、ローズマリーを入れ、中火にかけて沸いたら、ラップをかけて冷蔵庫で1日寝かせる（a）。

冷蔵庫から（a）を取り出し、ボウルに漉し入れ、絞り出す。

グリオットのピュレを加えて混ぜる。

氷水にあてて10℃以下に冷やす。

アイスクリームマシンにかけ、空気を含んで白っぽくなり、マシンの羽にくっつく程度のかたさになったらとめる。

OPPシートを敷いた板に4をのせ、シートをもう1枚かけてはさみ、麺棒で厚さ1.5cmにのばす。

冷凍庫で1時間冷やしかため、冷凍庫から取り出し、厚さ1.5cm、2cm四方に切り分ける。

## memo

＊ソルベ液の空気の含みがあまいと、かたい仕上がりになってしまうので注意します。
＊厚さ1.5cmにのばす際は、1.5cmの角材を両サイドにおくと均等の厚さにのばしやすくなります。
＊冷凍庫で7日間保存可能です。

# グリオットのコンフィチュール

**材 料**／6皿分（作りやすい分量）20g使用
グリオット（冷凍／ホール）……100g
リュバーブ……50g
赤ワイン……20g
三温糖……60g
HMペクチン……2g
レモン果汁……6g
エルダーフラワーのリキュール……6g

作り方

1

鍋にグリオット、リュバーブ、赤ワイン、三温糖の⅔量を入れ、中火で沸かす。

2

火をとめ、あたたかいうちにハンドブレンダーで撹拌し、ピュレ状にする。

3

ボウルに残りの三温糖とHMペクチンを入れてすり混ぜる。

4

3に2を少し加え、ダマができないように混ぜ、残りを加えて混ぜる。

5

鍋に移し、中火でとろみがつくまで（Brix 40%）加熱する。

6

ボウルに漉し入れ、氷水にあてて常温ぐらいに冷ます。

7

レモン果汁とエルダーフラワーのリキュールを加えて混ぜる。

memo

冷蔵庫で7日間保存可能です。

---

# ローズマリーの泡

**材料**／25皿分（作りやすい分量）大さじ1使用

A 水……100g　　　　グラニュー糖……30g
　 ローズマリー……2.5g　レモン果汁……2.5g
大豆レシチンパウダー……0.8g

memo

泡立てる前の液体は、冷凍庫で2週間保存可能。泡立てたあとはすぐにしぼんでしまうので、手早く盛りつけます。

**準備**　＊写真は2倍量です

鍋にAを入れ、中火にかけて沸いたら、ラップをかけて冷蔵庫で1日寝かせる（a）。

**作り方**　＊写真は2倍量です

1

冷蔵庫から（a）を取り出し、ボウルに漉し入れ、絞り出す。

2

ボウルに大豆レシチンパウダーとグラニュー糖を入れてすり混ぜ、1を少し加えて混ぜ、残りを加えてよく混ぜる。

3

レモン果汁を加えて、ラップをして冷蔵庫で1日寝かせ、使う前に泡立てる。

# 赤紫蘇のソース

**材料**／15皿分（作りやすい分量）5g使用
水……100g
赤紫蘇……17.5g
グラニュー糖……75g
梅酒……40g

memo

冷蔵庫で5日間保存可能です。

**準 備**　＊写真は2倍量です

鍋に水、赤紫蘇、グラニュー糖半量を入れ、中火で沸かし、さらに弱火で10分加熱する。

ラップをかけて冷蔵庫で1日寝かせる。

**作り方**　＊写真は2倍量です

冷蔵庫から取り出し、ボウルに漉し入れて絞り出し、赤紫蘇を取り出す。

鍋に移して残りのグラニュー糖を加え、中火でとろみがつくまで（Brix 60%）加熱する。

火をとめ、粗熱を取ってボウルに移し、氷水にあてて冷ます。

梅酒を加えて混ぜる。

---

# 〈組み立て〉

**材料**／1人分

ショコラ・ブランのムース……4個
フランボワーズ……4個
フロマージュ・ブランのクリーム（p74参照）……10g
アメリカンチェリー（生／ホール）……3個
グリオットのコンフィチュール……20g

赤紫蘇のソース……5g
赤紫蘇の砂糖漬け……3g
グリオットとローズマリーのソルベ……4個
ローズマリーの泡……大さじ1
ゼラニウム、花穂紫蘇……各適量

花穂紫蘇

ショコラ・ブランのムース

赤紫蘇の砂糖漬け

アメリカンチェリー

赤紫蘇のソース

フランボワーズ

ゼラニウム

グリオットと
ローズマリーのソルベ

フロマージュ・
ブランのクリーム

グリオットの
コンフィチュール

ローズマリーの泡

**組み立て方 ／ 器：平大皿（直径25.5cm）**

1

皿にショコラ・ブランのムー
スをおく。

2

フランボワーズをのせる。

3

フロマージュ・ブランのクリ
ームをスプーンに取って点を
描く。

4

アメリカンチェリーをのせ、
グリオットのコンフィチュー
ルで点を描く。

5

ゼラニウムをのせ、赤紫蘇の
ソースをフランボワーズの中
に入れ、ゼラニウムの葉の上
や皿に点を描く。

6

赤紫蘇の砂糖漬けをふる。

7

グリオットとローズマリーの
ソルベをのせる。

8

ローズマリーの泡をスプーン
に取っておき、花穂紫蘇を飾
る。

# Compote de mandarine, mousse à la camomille et vin blanc, parfumée à la bergamote

みかんのコンポートとカモミールと白ワインのムース
ベルガモットの香り

みかんのコンポート、カモミールのムース、白ワインのムース、ヨーグルトソース、
みかんのコンフィチュール、ベルガモットのパート・ド・フリュイ etc.

みかんを堪能する一皿です。
みかんは、酸味と香りがストレートに伝わるよう、大きめのコンポートにします。
みかんの風味を強調し深い味わいにするために、
ベルガモットをパート・ド・フリュイやスフェリフィケーションにして加え、
全体をまとめる優しい香りとしてカモミールをムースにして添えます。

# みかんのコンポート

**材 料** ／8皿分（作りやすい分量）½個使用
水……250g
カモミール（乾燥）……2g
グラニュー糖……70g
みかん果肉（薄皮の筋を取ったもの）……3個分

<u>memo</u>

＊冷蔵庫で3日間保存可能です。
＊みかんを漬けたシロップは、ナパージュを作る際に使用します。

**作 り 方**

1
鍋に水を入れ、中火で沸かして火をとめ、カモミールを加え、ラップをして5分蒸らす。

2
別の鍋に漉し入れて絞り出し、計量して225gにたりない場合、水（分量外）をたす。

3
グラニュー糖を加え、再び中火で沸かして火をとめ、半分に割って深めのバットに入れたみかんに注ぐ。

4
ラップを密着させてかけ、常温で1日寝かせ、味をなじませる。

---

# みかんのナパージュ

**材 料** ／15皿分（作りやすい分量）5g使用
A みかんのコンポートのシロップ　　みかんのコンポートのシロップ
　（上記参照）……40g　　　　　　（上記参照）……60g
　水あめ……30g　　　　　　　　　レモン果汁……80g
B トレハロース……7.5g
　HMペクチン……2g

<u>memo</u>

冷凍庫で2週間保存可能です。

**作 り 方**　　＊写真は2倍量です

1
鍋にAを入れ、中火で沸かす。

2
ボウルにBを入れてすり混ぜ、みかんのコンポートのシロップを少し加えて溶き、残りを加えて混ぜる。

3
1に2を入れ、中火でとろみがつくまで（Brix 65%）混ぜながら加熱する。

4
火からおろし、レモン果汁を加えて混ぜる。

---

# ヨーグルトソース

**材 料** ／10皿分（作りやすい分量）5g使用
水切りヨーグルト……50g
粉糖……8g
マンダリンナポレオン……4g

**作 り 方**
ボウルにすべての材料を入れて混ぜる。

<u>memo</u>

冷蔵庫で2日間保存可能です。

# みかんのコンフィチュール

**材料／15皿分**

（作りやすい分量）5g使用
みかんの皮……20g
みかんの果肉（房から
　出したもの）……60g
グラニュー糖……12g

**作り方**

**1** 鍋に湯（分量外）を沸かし、みかんの皮を入れて1回ゆでこぼし、皮の裏の白いわたを取り、細かく刻む。

**2** 鍋に1とみかんの果肉、グラニュー糖を入れ、中火でとろみがつくまで（Brix 40%）混ぜながら加熱する。

<u>memo</u>

冷蔵庫で5日間保存できます。

---

# ベルガモットのパート・ド・フリュイ

**材料／30個分（作りやすい分量）2個使用**

ベルガモットのピュレ……100g
三温糖……12g
はちみつ……7g
オレンジ・コンサントレ……10g

A　グラニュー糖……3g
　｜　HMペクチン……0.8g
マンダリンナポレオン……1g
グラニュー糖……適量

**作り方**

**1** 鍋にベルガモットのピュレ80g、三温糖、はちみつ、オレンジ・コンサントレを入れ、中火で沸かす。

**2** ボウルにAを入れてすり混ぜ、ベルガモットのピュレ20gを加えて溶かす。

**3** 1に2を入れ、中火で104℃になるまで混ぜながら加熱する。

**4** 火からおろし、マンダリンナポレオンを加えて混ぜる。

**5** OPPシートを敷いたトレーに厚さ1〜2mmにパレットでのばし、常温で24時間乾燥させる。

**6** 3×5cmの長方形に切り、筒状に丸め、ボウルに入れたグラニュー糖の上に転がしてまぶす。

<u>memo</u>

保存の際は乾燥剤と一緒に密封容器に入れて常温保存。5日間保存可能です。

# イタリアンメレンゲ

**材料**／30皿分
（作りやすい分量）47.5g使用
水……50g
グラニュー糖……150g
卵白……75g

作り方

1　鍋に水とグラニュー糖を入れ、中火で118℃になるまで加熱する。

2　ミキサーボウルに卵白を入れ、1を少しずつ加えながらミキサー（高速）にかける。

3　つのが立ちきめ細かくツヤがある状態になるまで泡立てたら、冷蔵庫で30分ほど冷やす。

memo　＊この分量がうまく仕上がる最小の分量です。
　　　＊ミキサーはホイッパーをつけて使います。
　　　＊冷蔵庫で1日保存可能です。

---

# 白ワインのムース

**材料**／直径5.5cm高さ4cmのセルクル7個分（作りやすい分量）1個使用
牛乳……6g　　　　　　　　　生クリーム（35%／9分立て）……52.5g
板ゼラチン……1.5g　　　　　白ワイン……5g
サワークリーム……49g　　　リカール……2.5g
イタリアンメレンゲ（上記参照）……47.5g

作り方　＊写真は2倍量です

1　鍋に牛乳を入れ、中火であたため、氷水（分量外）で戻した板ゼラチンを加えて溶かす。

2　ボウルに移し、サワークリームを加えて混ぜ、イタリアンメレンゲと生クリームを順に加えて混ぜる。

3　白ワインとリカールを加えて混ぜる。

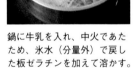

4　直径5.5cmのセルクルに直径5cmの茶漉しを立て、キッチンペーパーを敷き、3を絞り袋でセルクルの高さまで絞り入れる。

5　キッチンペーパーを折り込んでふたをし、冷蔵庫で5時間以上休ませ、水気をきる。

memo

＊キッチンペーパーは半径9cmの半円状に切り、曲線部分に深さ3cmほどの切り込みを入れ、辺と辺を重ねて三角錐になるように丸め、底を1cm折り曲げて茶漉しに敷きます。
＊冷凍庫で2週間保存可能です。

# エディブルフラワーの砂糖漬け

**材料／7皿分**
（作りやすい分量）3g使用
エディブルフラワー
　（色の濃いもの）……2.5g
卵白……1.3g
グラニュー糖……25g

**作り方** ＊写真は2倍量です

1
エディブルフラワーは葉を除いて花だけにし、卵白を溶いたボウルに入れ、卵白を全体によくからめる。

2
グラニュー糖を全体にまぶす。

3
オーブンシートを敷いた天板に広げ、常温で1日乾燥させる。

<u>memo</u>　＊エディブルフラワーは色の濃いものなら品種を問いません。
　　　　＊保存の際は乾燥剤と一緒に密封容器に入れて常温保存。7日間保存可能です。

---

# ベルガモットのスフェリフィケーション

**材料／直径1.5cmシリコン球体型14個分**
（作りやすい分量）2個使用
A　ベルガモットのピュレ
　　……25g
　　水……5g
　　はちみつ……5g
　　グラニュー糖……20g
板ゼラチン……0.65g
B　グラニュー糖……15g
　　ベジタブルゼラチン
　　……9g
　　水……150g

**作り方** ＊写真は2倍量です

1
鍋にAを入れ、中火で沸かして火からおろし、氷水（分量外）で戻した板ゼラチンを加えて溶かす。

2
球体型に流してゴムベラでならし、冷凍庫で3時間冷やしかためる。

3
ボウルにBを入れて混ぜ、鍋に移し、中火で75℃まで加熱する。

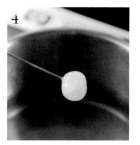

4
75℃を保ちながら、冷凍庫から出してピックに刺した2をさっとくぐらせる。

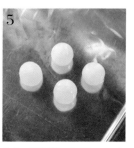

5
もう1回同様にくぐらせ、バットにあげてピックをはずし、冷蔵庫で数分冷やす。

<u>memo</u>
Bの液をつけていないものは冷凍庫で2週間、つけたものは冷蔵庫で1日保存可能です。

# カモミールのムース

材料／直径3cmシリコン半球型10個分（作りやすい分量）1個使用
牛乳……115g グラニュー糖……39g
カモミール（乾燥）……4g 板ゼラチン……3.6g
はちみつ……45g 生クリーム（35%／8分立て）……115g
卵黄……45g

作り方 ＊写真は2倍量です

鍋に牛乳を入れて中火で沸かし、火をとめてカモミールを加え、ラップをかけて5分蒸らす。

ボウルに漉し入れて絞り出し、計量して115gにたりない場合、牛乳（分量外）をたす。

鍋に2を戻し、はちみつを加え、中火で沸かす。

ボウルに卵黄とグラニュー糖を入れて混ぜ、3を少しずつ加えて混ぜる。

鍋に4を戻し、82℃まで混ぜながら加熱する。

ボウルに漉し入れ、氷水（分量外）で戻した板ゼラチンを加えて溶かす。

氷水にあてて30℃になるまで混ぜながら冷やす。

氷水から出し、生クリームを加えて混ぜる。

絞り袋に入れて半球型に絞り、冷凍庫で3時間冷やしかためる。

memo

冷凍庫で2週間保存可能です。

## ショコラの板状パーツ

**材料**／100g（作りやすい分量）5g使用
ショコラ・ノワール（70％以上のもの）……150g
ウォッカ（75％以上のもの）……適量

**作り方**

1 p148のショコラのパーツの準備を参照し、ショコラのテンパリングをし、OPPシートを敷いた板の上にのばし、シートに沿って形を整える。

2 表面がかたまりはじめたら、OPPシートごと板の上に裏返し、ショコラがそらないように天板をのせて1時間ほどおく。

3 OPPシートをはずして、適当な大きさに割る。

<u>memo</u>

＊ショコラはかたまりやすいので必要な分量の100gより多めに用意し、テンパリングします（溶かせば繰り返し使えます）。
＊テンパリングの際は、空気が入らないように注意します。
＊かたまりはじめたら、あっという間にそってしまうので、手早く裏返します。
＊冷暗所で2週間保存可能です。

## 〈組み立て〉

**材料**／1人分

セミドライグレープフルーツ（p82参照）……3個
白ワインのムース……1個
みかんのコンポート……½個
カモミールのムース……1個
ベルガモットのパート・ド・フリュイ……2個
みかんのコンフィチュール……5g

みかんのナパージュ……5g
ヨーグルトソース……5g
ショコラの板状パーツ……5g
ベルガモットのスフェリフィケーション……2個
エディブルフラワーの砂糖漬け……3g
ペチュニア、セルフィーユ……各適量

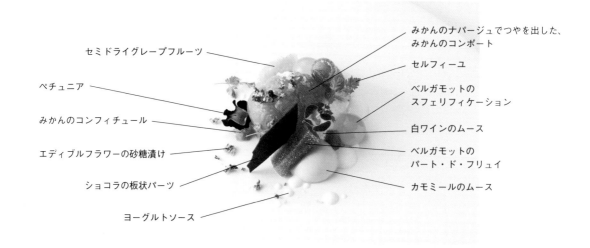

セミドライグレープフルーツ

ペチュニア

みかんのコンフィチュール

エディブルフラワーの砂糖漬け

ショコラの板状パーツ

ヨーグルトソース

みかんのナパージュでつやを出した、みかんのコンポート

セルフィーユ

ベルガモットのスフェリフィケーション

白ワインのムース

ベルガモットのパート・ド・フリュイ

カモミールのムース

組み立て方／器：平大皿（直径30.5cm）

1 皿にセミドライグレープフルーツを並べる。

2 白ワインのムースを添える。

3 みかんのコンポートをのせる。

+ カモミールのムースをおく。

5 ベルガモットのパート・ド・フリュイを立てかける。

6 みかんのコンフィチュールをおく。

7 みかんのナパージュを中火にかけてあたため、みかんに塗ってつやを出す。

8 ヨーグルトソースをスプーンに取って点を描く。

9 ペチュニアとセルフィーユをのせる。

10 ショコラの板状パーツを立てかける。

11 ベルガモットのスフェリフィケーションをおく。

12 エディブルフラワーの砂糖漬けをちらす。

# Crêpe aux figues et fromage

## いちじくとフロマージュのクレープ

シナモンとバニラと竹炭のクレープ、ゴルゴンゾーラチーズのスフレ、
チーズのムース、バニラアイスクリーム、いちじくのコンポート、
レモンのコンフィチュール、カシスのスフェリフィケーション etc.

ゴルゴンゾーラチーズのスフレ、チーズのムース、バニラアイスクリーム、
いちじくのコンポートをクレープで巻いていただきます。
クレープの生地にはシナモンと竹炭を加え、ひと味異なる味わいに仕上げました。
アクセントにはカシスとレモン。さわやかな酸味をプラスしました。

# バニラエキス

**材料**／50皿分（作りやすい分量）適量使用
バニラビーンズ……2g
ウォッカ……40g

**作り方**
バニラビーンズを殺菌した瓶に入れ、ウォッカを注ぎ、
ふたをして1か月以上、室温で漬け込む。

memo

冷蔵庫で60日間保存可能で
す。


# チーズのムース

**材料**／直径4.5cmシリコン半球型20個分（作りやすい分量）1個使用
グラニュー糖……3.2g
レモンの皮（すりおろし）……0.3g
クリームチーズ……130g
サワークリーム……53g
クレーム・パティシエール（p10参照）……57g
生クリーム（35%）……125g
板ゼラチン……2.1g
イタリアンメレンゲ（p47参照）……53g

memo

＊ミキサーはビーターをつけ
て使います。
＊冷凍庫で2週間保存可能で
す。

**作り方**

1
ボウルにグラニュー糖とレモ
ンの皮を入れてすり混ぜる。

2
ミキサーボウルにクリームチ
ーズを入れ、中速で混ぜてク
リーム状にする。

3
サワークリームを加えてなめ
らかになるまで混ぜ、1を加
えて混ぜ、さらにクレーム・パ
ティシエールを加えて混ぜる。

4
鍋に生クリーム55gを入れ、
中火で沸かし、氷水（分量
外）で戻した板ゼラチンを加
えて溶かす。

5
氷水にあてて20℃になるま
で冷ます。

6
3に5を少しずつ加えて混ぜ
る。

7
イタリアンメレンゲを加え、
全体をさっと混ぜ、残りの生
クリームを7分立てにして加
え、よく混ぜる。

8
絞り袋に入れて直径4.5cmの
半球型に絞り、冷蔵庫で3時
間冷やす。

# シナモンとバニラと竹炭のクレープ

**材料**／8枚分
（作りやすい分量） 1枚使用

A　牛乳……221g
　│水……15g
　│トレモリン（転化糖）……13g
　│塩……3g
　│全卵……85g
　│メープルシロップ……20g
　│バニラビーンズ
　│　……¼本分
B　強力粉……40g
　│薄力粉……40g
　ヴェルジョワーズ
　　（てんさい糖）……20g
　バター……15g
　シナモンパウダー、
　　バニラエキス（p53参照）、
　　竹炭パウダー……各適量

**作り方**

ボウルにAを入れて混ぜる。

別のボウルに合わせてふるったBを入れ、ヴェルジョワーズを加えて混ぜる。

2に1の⅓量を加えて混ぜ、さらに⅓量加えてしっかりグルテンが出るまで混ぜる。

1の残りの½量を加えてさらによく混ぜ、残りを加えて混ぜる。

溶かしたバターを加えて混ぜ、さらにシナモン、バニラエキスを加えて混ぜる。

竹炭パウダーを薄いグレーに色づくよう、色を見ながら加えて混ぜ、カップに漉し入れる。

フライパンを中火で熱し、バターを入れて溶かしたらキッチンペーパーで余分な油を拭き、生地約50gを注ぐ。

フライパンを回して生地を平らにし、弱火で色づくまで焼いたら、裏返して焼く。

フライパンから取り出し、常温で冷まして粗熱を取り、ボウルなど、丸いものをあてて周囲をきれいにカットする。

memo

＊鉄製のフライパンで焼くときれいに焼くことができます。
＊冷蔵庫で1日保存可能です。

# ゴルゴンゾーラチーズのスフレ

**材料**／直径4.5cmシリコン半球型15個分
（作りやすい分量）¾個使用
クリームチーズ……62g
ゴルゴンゾーラチーズ……22g
A 卵黄……20g
　グラニュー糖……6g
　コーンスターチ……6g
B 牛乳……40g
　生クリーム（35％）……42g
C 卵白……55g
　レモン果汁……3g
D グラニュー糖……18.2g
　トレハロース……17g

**作り方**

ボウルにクリームチーズとゴルゴンゾーラチーズを入れ、湯煎にかけてやわらかくする。

別のボウルにAを入れてすり混ぜる。

鍋にBを入れ、中火にかけて沸かし、2に少しずつ加えて混ぜる。

鍋に戻し、中火で混ぜながら加熱する。

1をほぐして4を加え、チーズのダマがなくなるまで、ハンドブレンダーでよく混ぜる。

ミキサーボウルによく冷やしておいたCを入れ、Dを加えて、中速でしっかりとつのが立つまで泡立てる。

5に6を数回に分けて加え、リボン状よりも少しやわらかく垂れるまでゴムベラでしっかり混ぜる。

絞り袋に入れた7を天板にのせた半球型に絞り、天板に湯（分量外）を注いでダンパーを閉めた130℃のオーブンで15分湯煎焼きする。

オーブンから取り出し、粗熱が取れたら、型ごと冷凍庫で1時間20分ほど冷やしかため、冷凍庫から出して4つに切る。

## memo

＊ミキサーはホイッパーをつけて使います。
＊湯煎焼きの途中、湯が少なくなったらたします。
＊冷凍庫で2週間保存可能です。

# カシスのスフェリフィケーション

**材料**／15皿分（作りやすい分量）5粒使用

A　カシス（冷凍／ホール）……115g
　　赤ワイン……16g
　　グラニュー糖……25g
板ゼラチン……1.5g

B　グラニュー糖……25g
　　ベジタブルゼラチン……15g
水……125g

**作り方**　＊写真は2倍量です

鍋にAを入れ、中火にかけて沸いたら弱火にしてとろみがつくまで加熱する。

氷水（分量外）で戻した板ゼラチンを加えて溶かし、ハンドブレンダーでピュレ状にする。

ボウルに漉し入れ、氷水にあてて混ぜながら10℃以下に冷やし、OPPシートで作った絞り袋に入れる。

OPPシートを敷いて冷蔵庫で冷やしておいた天板に直径1cmの円状に絞り、冷凍庫で30分冷やしかためる。

別のボウルにBを入れて混ぜ、水を加えて混ぜる。

鍋に5を入れ、中火で沸かして溶かし、72℃になるよう加熱し、72℃を保つ。

4をピックに刺し、6にくぐらせ、バットにおく。これを繰り返し、冷蔵庫で10分冷やしかためる。

memo

＊コーティングの際は、ピックにさして行うと作業がしやすくなります。
＊6の液をつけていないものは冷凍庫で2週間、つけたものは冷蔵庫で1日保存可能です。

# バニラアイスクリーム

**材料**／25皿分（作りやすい分量）15g使用

グラニュー糖……82g
バニラビーンズ……½本分
牛乳……145g
生クリーム（35%）……140g
卵黄……52g

memo

＊アイスクリーム液の空気の含みがあまいと、かたい仕上がりになってしまうので注意します。
＊冷凍庫で2週間保存可能です。

ボウルにグラニュー糖½量と
バニラビーンズを入れてすり
混ぜる。

鍋に1と残りのグラニュー糖、
牛乳、生クリームを入れ、中
火で沸かして火をとめ、ラッ
プをして1日寝かす（a）。

## 作り方

（a）を再び沸かし、卵黄を
溶いたボウルに少しずつ加え
て混ぜる。

鍋に戻し、中火～弱火で82
℃になるまで混ぜながら加熱
する。

ボウルに漉し入れ、氷水にあ
てて10℃以下に冷やす。

アイスクリームマシンにかけ、
空気を含んで白っぽくなり、
マシンの羽にくっつく程度の
かたさになったらとめる。

# いちじくのコンポート

**材料／10皿分**
（作りやすい分量）10g使用
いちじく（セミドライ）
　……30g
赤ワイン……32g
水……32g
三温糖……20g
シナモン……¼本
スターアニス……½個
クローブ……1個
レモン（厚さ1cmスライス）
　……½枚
オレンジ（厚さ1cmスライス）
　……½枚

**作り方**

鍋にへたを取り除いたいちじ
くとその他の材料を入れ、中
火にかけて沸いたら弱火にし、
30～40分加熱する。

ラップを密着させてかけ、常
温で冷まし、冷蔵庫に入れて
1日寝かせる。

<u>memo</u>

冷蔵庫で7日間保存可能です。

# レモンのコンフィチュール

**材料**／10皿分（作りやすい分量）15g使用
レモン……2個
A　グラニュー糖……60g
　│　水……120g
レモン果汁……適量

memo

冷蔵庫で5日間保存可能です。

**作り方**

| 1 | 2 | 3 | 4 |
|---|---|---|---|
| レモンを洗い、皮を薄くむき、沸かした湯（分量外）に皮を入れてゆでこぼし、3mm角に切る。 | レモンの果肉は周りの白い薄皮をむき、房袋を残したまま刻み、正味180gを用意する。 | 鍋に1と2、Aを入れ、中火〜弱火でゆっくり火を通し、ペースト状になるまで（Brix 60）加熱する。 | 火をとめ、味を見て酸味が足りないようならレモン果汁を加える。 |

# 〈組み立て〉

**材料**／1人分

シナモンとバニラと竹炭のクレープ……1枚
クレーム・パティシエール（p10参照）……15g
ゴルゴンゾーラチーズのスフレ……¾個
チーズのムース……1個
いちじく（皮つき）……⅓個
レモンのコンフィチュール……15g

いちじくのコンポート……10g
カシスのスフェリフィケーション……5粒
バニラアイスクリーム……15g
ヘーゼルナッツのプラリネ……（p130参照）5g
アマランサスの葉……適量

チーズのムース
ヘーゼルナッツのプラリネ
カシスのスフェリフィケーション
クレーム・パティシエール

バニラアイスクリーム
シナモンとバニラと竹炭のクレープ
いちじく 下にレモンのコンフィチュール
いちじくのコンポート
ゴルゴンゾーラチーズのスフレ
アマランサスの葉

組み立て方／器：平皿（直径17.5cm）

1

皿にシナモンとバニラと竹炭
のクレープをのせる。

2

丸口金の絞り袋にクレーム・
パティシエール入れて絞る。

3

ゴルゴンゾーラのスフレを並
べる。

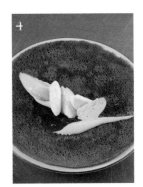

4

チーズのムースを2つに切り、
3に立てかけるようにおく。

5

いちじくを2つに切り、高さ
が出るようにおく。

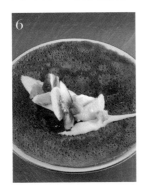

6

レモンのコンフィチュールを
のせる。

7

いちじくのコンポートをくし
形に薄く切り、重ねておく。

8

カシスのスフェリフィケーシ
ョンをちらす。

9

バニラアイスクリームを
15mlのアイスクリームディ
ッシャーですくってのせる。

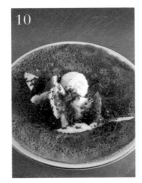

10

ヘーゼルナッツのプラリネを
ちらす。

11

アマランサスの葉を飾る。

# Combinaison de légumes secs, banane et thé de larme-de-Job

## 豆とバナナとはと麦茶のコンビネゾン

白いんげん豆のシロップ煮、丹波黒豆の甘露煮、クローブ風味の緑豆、
バナナのクレーム・ブリュレ、バナナのキャラメリゼ、はと麦茶のアイスクリーム、
ラム酒のソース、キャラメル風味のクレーム・パティシエール etc.

緑豆、白いんげん豆、丹波黒豆、枝豆の4つの豆とバナナ、はと麦茶を組み合わせ、
ソースとクレームをふんだんにちりばめて、にぎやかに仕立てました。
小さな豆にもしっかりと手を加え、豆だけ食べても、
シフォンやクレーム・ブリュレなど、他のパーツと一緒に食べてもおいしいデセールになっています。

# ピスタチオのシフォンケーキ

**材料** ／25×25cm高さ5cm角型1台分（作りやすい分量）ひと口大4個使用

A 牛乳……55g
│ サラダ油……20g
ピスタチオペースト……50g
B 卵黄……35g
│ グラニュー糖……20g

C 卵白……140g
│ グラニュー糖……60g
│ トレハロース……20g
│ レモン果汁……2g
D 薄力粉……44g
│ コーンスターチ……10g

memo

＊ミキサーはホイッパーをつけて使います。
＊冷蔵庫で2日間保存可能です。

## 作り方

ボウルにAを入れて混ぜ、ピスタチオペーストを加えてよく混ぜる。

別のボウルにBを入れてすり混ぜ、湯煎にかけて40℃にあたためる。

2に1を加えて混ぜる。

ミキサーボウルにCを入れ、高速でつのが立ってつやのあるメレンゲになるまで混ぜ、3に⅓量を加えて混ぜる。

合わせてふるっておいたDを加え、粉気がなくなるまで混ぜ、残りのメレンゲを加えて混ぜる。

天板にオーブンシートを敷いた25×25cmの角型をおき、5を入れて、カードでならす。

天板の下に天板をもう1枚重ね、ダンパーを閉めた170℃のオーブンで30分焼く。

オーブンから出し、型をはずして網にのせ、粗熱を取り、手でひと口大にちぎる。

# ラム酒のソース

**材料** ／15皿分（作りやすい分量）5g使用

ラム酒……100g
グラニュー糖……30g

バニラビーンズ……⅛本分
水あめ……20g

## 作り方

鍋にすべての材料を入れ、
中火～弱火で濃度がつくまで加熱する。

memo

冷蔵庫で7日間保存可能です。

## ラム酒のボンブ

**材料** ／10皿分（作りやすい分量）15g使用
卵黄……3個
ラム酒……40g
グラニュー糖……60g

**作り方**

鍋にすべての材料を入れ、弱火で82℃になるまで混ぜながら加熱する。

ミキサーボウルの上に漉し器をのせて裏漉しする。

ミキサー（中速）にかけて白くなるまで混ぜ、冷蔵庫で一晩寝かせて味をなじませる。

memo

＊ミキサーはホイッパーをつけて使います。
＊冷蔵庫で1日保存可能です。

## クローブ風味の緑豆

**材料** ／7皿分（作りやすい分量）17粒使用
緑豆（乾燥）……25g
水……290g
A　グラニュー糖……25g
　　水……75g
　　塩……0.1g
　　クローブ……½個

**準備**　＊写真は2倍量です

緑豆を水で洗い、たっぷりの水（分量外）に一晩漬けて戻し、使用前に水気をきる。

**作り方**　＊写真は2倍量です

1

鍋に緑豆を入れ、浸る程度の水（分量外）を加えて強火にかけ、沸いたら中火にし、あくを取りながら3分加熱する。

2

ざるにあげて湯を捨て、流水で洗い、鍋に水と緑豆を入れて中火にかけ、やわらかくなるまで15〜20分加熱する。

別の鍋にAを入れ、中火で沸かしてシロップを作る。

3をボウルに移し、ざるにあげて水気をきった2を熱いうちに入れる。

ラップを密着させてかけ、常温で冷まし、さらに冷蔵庫で1日寝かせて味をなじませる。

memo

＊シロップに緑豆を漬ける際にシロップが冷えていたら、あたためてから緑豆を入れます。
＊冷蔵庫で3日間保存可能です。

# ひよこ豆のペースト

**材料**／12皿分（作りやすい分量）20g使用

ひよこ豆（乾燥）……50g
水……160g
三温糖……15g
塩……1g

A 牛乳……15g
　 生クリーム……5g
シナモンパウダー、牛乳（調整用）……各適量

**準備**　＊写真は2倍量です

ひよこ豆を水で洗い、たっぷりの水（分量外）に一晩浸けて戻し、使用前に水気をきる。

**作り方**　＊写真は2倍量です

1 鍋にひよこ豆と水を入れて中火にかけ、沸いたら弱火にし、やわらかくなるまで加熱する。

2 漉し器やざるにあげ、熱いうちに三温糖、塩と一緒にフードプロセッサー（高速）にかけてペースト状にする。

3 Aを加え、さらに高速でなめらかになるまで撹拌する。

4 網の上に取り出して裏漉しし、味と濃度をみてシナモンパウダーと牛乳を加えて混ぜる。

memo

冷蔵庫で3日間保存可能です。

# 白いんげん豆のシロップ煮

**材 料** ／12皿分（作りやすい分量）5粒使用
白いんげん豆（乾燥）……25g
三温糖……16.5g
バニラビーンズ……1/8本分
塩……ひとつまみ

**準 備** ＊写真は2倍量です　　　**作 り 方** ＊写真は2倍量です

白いんげん豆を水で洗い、たっぷりの水（分量外）に一晩浸けて戻し、使用前に水気をきる。

1
鍋に豆を入れ、浸かる程度の水（分量外）を加えて中火にかけ、沸いたら同様に水（分量外）を加えて再び沸かし、湯を捨てる。

2
鍋に豆が浸かる程度の水（分量外）を入れて中火にかけ、沸いたら弱火にし、あくを取りながら、やわらかくなるまで加熱する。

3
豆が浸かる程度の湯の量に調整し、残りの材料を加え、弱火で10分加熱する。

4
火からおろしてボウルに移し、ラップを密着させてかけて常温で冷まし、さらに冷蔵庫で一晩寝かせて味をなじませる。

memo
＊白いんげん豆をゆでている途中で水が少なくなったらたします。
＊冷蔵庫で3日間保存可能です。

---

# 丹波黒豆の甘露煮

**材 料** ／18皿分（作りやすい分量）4粒使用
丹波黒豆……75g
A　三温糖……37.5g
　│　しょうゆ（濃い口）……12g
三温糖（調整用）……15g

黒豆を水で洗い、たっぷりの
水（分量外）に一晩浸けて戻
し、使用前に水気をきる。

厚手の鍋に黒豆を入れ、浸か
る程度の水（分量外）を加え、
中火で沸かしたら弱火にし、
落としぶたをして加熱する。

あくを取り、あくがひいたら、
同様に水（分量外）を加え、
落としぶたの上からふたをし
てごく弱火で4時間加熱する。

Aを加え、中火で10分加熱
する。

火をとめ、三温糖で煮汁の味
を調整し、落としぶたをした
ままふたをして常温で冷まし、
さらに冷蔵庫で一晩寝かせる。

memo

＊最後に煮汁の味をみて薄い
ようなら三温糖をたします。
＊冷蔵庫で5日間保存可能で
す。

# ピスタチオクリーム

**材 料** ／10皿分（作りやすい分量）5g使用
牛乳……40g
板ゼラチン……0.3g
ピスタチオペースト……10g

memo

冷蔵庫で2日間保存可能です。

**作 り 方**

鍋に牛乳を入れ、中火で沸騰
直前まで沸かす。

氷水（分量外）で戻した板ゼ
ラチンを加えて混ぜる。

ボウルにピスタチオペースト
を入れ、2を少しずつ加えな
がら混ぜる。

別のボウルに漉し入れ、氷水
にあてて冷やし、冷蔵庫で3
時間以上冷やしかためる。

# はと麦茶のアイスクリーム

**材料**／12皿分（作りやすい分量）2個使用

水……50g
はと麦茶（茶葉）……5g
牛乳……200g

A　三温糖……70g
　　はと麦パウダー……25g
　　生クリーム（35%／7分立て）……150g

**作り方**

1　鍋に水を入れ、中火で沸かして火をとめ、はと麦茶を加えて、ラップをかけて5分蒸らす。

2　別の鍋に牛乳を中火で沸かし、1に加えて混ぜ、ラップを密着してかけて3時間蒸らす。

3　ボウルに漉し入れる。

4　別のボウルにAを入れてすり混ぜて、3を少し加えて混ぜる。

5　3と4を鍋に戻し、中火にかけて混ぜながら沸かす。

6　ボウルに移し、氷水にあてて10℃以下に冷やし、氷水から出して生クリームを加えて混ぜる。

7　アイスクリームマシンにかけ、空気を含んで白っぽくなり、マシンの羽にくっつく程度のかたさになったらとめる。

## memo

＊アイスクリーム液の空気の含みがあまいと、かたい仕上がりになってしまうので注意します。
＊組み立ての際に15mlディッシャーで2個くりぬきます。
＊冷凍庫で2週間保存可能です。

# キャラメル

**材料**／40皿分（作りやすい分量）20g使用

A　生クリーム（35%）……93g
　　バニラビーンズ……½本分
B　グラニュー糖……62g
　　水あめ……23g
　　塩……0.6g
バター……36g

## memo

冷凍庫で2週間保存可能です。

作り方

1 鍋にAを入れ、中火で沸かし、バニラビーンズを取り出す。

2 別の鍋にBを入れグラニュー糖が湿る程度に水（分量外）を加え、中火で濃い色に色づくまで混ぜながら加熱する。

3 1を少しずつ加えてよく混ぜ、混ぜながら104℃まで加熱する。

4 火をとめてボウルに移し、バターを加えてハンドブレンダーで混ぜ、氷水にあてて35℃以下に混ぜながら冷やす。

# キャラメル風味のクレーム・パティシエール

**材料**／8皿分（作りやすい分量）15g使用
クレーム・パティシエール（p10参照）……100g
キャラメル（p66参照）……20g

**作り方**
ボウルにすべての材料を入れて混ぜる。

memo

冷蔵庫で2日間保存可能です。

# バナナのキャラメリゼ

**材料**／2皿分（作りやすい分量）5個使用
バナナ……1本
グラニュー糖……適量

**作り方**

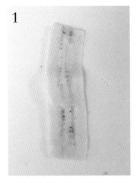

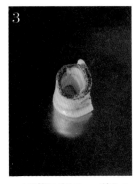

1 バナナを縦に皮ごと薄くスライスし、皮を取ってずらして重ね、形を整える。

2 端から巻く。

3 一つの端にグラニュー糖をつけ、トレーの上におき、バーナーでキャラメル状になるまであぶる。

memo

冷蔵庫で1日保存可能です。

# バナナのクレーム・ブリュレ

**材 料**／直径3.5cmボンボネット型
12個分（作りやすい分量）3個使用

A　牛乳……40g
　│　グラニュー糖……17.5g
バナナ（乱切り）……68g
B　卵黄……10g
　│　全卵……30g
　│　牛乳……40g
　│　生クリーム（35%）……25g
ラム酒……2.5g
バニラエキス（p53参照）、
　シナモンパウダー、
　ヴェルジョワーズ
　（てんさい糖）……各適量

**作 り 方**　＊写真は2倍量です

鍋にAを入れて混ぜ、中火であたためる。

ボウルにバナナを入れ、1を加えてハンドブレンダーでペースト状にする。

Bを加えてさらにハンドブレンダーで混ぜ、ボウルに漉し入れる。

ラム酒を加え、バニラエキスとシナモンパウダーで味を調える。

天板においた直径3.5cmの型に入れ、天板に水（分量外）を注ぎ、ダンパーを開けた130℃のオーブンで30分湯煎焼きする。

オーブンから出して粗熱を取り、冷蔵庫で3時間以上冷やし、型から出してヴェルジョワーズをふり、バーナーであぶる。

<u>memo</u>

冷凍庫で5日間保存可能です。

# 枝豆

**材 料**／10皿分（作りやすい分量）5粒使用
枝豆……140g

**作 り 方**
湯（分量外）を中火で沸かし、洗った枝豆を入れてやわらかくなるまでゆで、ざるにあげて粗熱を取り、さやから出す。

<u>memo</u>

＊枝豆のチュイール（p69）を作る際にも使用します。
＊冷蔵庫で2日間保存できます。

# 枝豆のチュイール

**材料** ／ 5皿分（作りやすい分量）4個使用
枝豆（p68参照）……35g
牛乳……25g
ピスタチオペースト……30g

A｜粉糖……10g
　｜薄力粉……5g

**作り方**

1
ボウルに枝豆を入れ、ハンドブレンダーでペースト状にする。

2
ボウルの上においた網にのせて裏漉しする。

3
牛乳とピスタチオペーストを少しずつ加えて混ぜる。

4
合わせてふるっておいたAを加えてよく混ぜる。

5
天板にシルパットを敷き、豆のさやの形をした型をのせ、4を薄く広げ、パレットですり切る。

6
ダンパーを開けた100℃のオーブンで8分焼く。

7
オーブンから出し、シルパットからはがして裏返し、ダンパーを開けた160℃のオーブンで5〜6分焼く。

memo

＊型はプラスチック素材のシートを好みの形にくりぬいて作ります。
＊保存の際は乾燥剤と一緒に密封容器に入れて常温保存。3日間保存可能です。

# 〈組み立て〉

**材料** ／ 1人分
バナナのクレーム・ブリュレ……3個
ピスタチオのシフォンケーキ……ひと口大4個
ひよこ豆のペースト……20g
クローブ風味の緑豆……17粒
丹波黒豆の甘露煮……4粒
ピスタチオクリーム……5g
ラム酒のソース……5g
白いんげん豆のシロップ煮……5粒

ラム酒のボンブ……15g
キャラメル風味のクレーム・パティシエール……15g
枝豆……5粒
バナナのキャラメリゼ……5個
はと麦茶のアイスクリーム……2個
枝豆のチュイール……4個
豆苗、いんげん豆のつる……各適量

バナナのクレーム・ブリュレ

枝豆

豆苗

枝豆のチュイール

クローブ風味の緑豆

キャラメル風味のクレーム・
パティシエール

ピスタチオクリーム

はと麦茶のアイスクリーム

バナナのキャラメリゼ

いんげん豆のつる

白いんげん豆のシロップ煮

ひよこ豆のペースト

ラム酒のソース

ラム酒のボンブ

ピスタチオのシフォンケーキ

丹波黒豆の甘露煮

**組 み 立 て 方 ／ 器：平大皿（直径30.5cm）**

1

バナナのクレーム・ブリュレ
2個を半分に切り、切ってい
ない1個と一緒に皿にのせる。

2

ピスタチオのシフォンケーキ
をおく。

3

絞り袋にひよこ豆のペースト
を入れ、点を描く。

4

クローブ風味の緑豆をのせ、
丹波黒豆の甘露煮をおき、ピ
スタチオクリームをスプーン
に取り、点を描く。

5

ラム酒のソースをスプーンに
取ってかけ、点を描き、白い
んげんのシロップ煮をのせる。

6

ラム酒のボンブとキャラメル
風味のクレーム・パティシエ
ールをそれぞれ絞り袋に入れ、
点を描く。

7

枝豆をのせ、バナナのキャラ
メリゼをおき、豆苗を飾る。

8

アイスクリームを15mlディ
ッシャーで2個くりぬいてお
き、いんげん豆のつると枝豆
のチュイールを飾る。

70

# Composition à la fraise, basilic et fromage

## いちごとバジルとフロマージュのコンポジション

いちごとバジルのソルベ、マスカルポーネチーズのムース、
フロマージュ・ブランのクリーム etc.

旬のいちごをたっぷり使ったデセール。いちごの甘みと香りを存分に活かすため、
ソルベやコンフィチュールの糖度はあえてひかえめにしています。
マスカルポーネチーズのムースで濃厚さを、フロマージュ・ブランのクリームで酸味をプラスし、
バジルのさわやかな香りで全体を引き締めました。

# いちごとバジルのソルベ

**材料**／10皿分（作りやすい分量）40g使用

いちご（へたを取ったもの）……350g　　グラニュー糖……63g
バジル（茎ごと刻んだもの）……6g　　　クレーム・ド・フレーズ……7.5g

**準備**

ボウルにいちごを入れてハンドブレンダーで撹拌し、耐熱ボウルに漉し入れる。

バジルとグラニュー糖を加えて混ぜ、500Wの電子レンジで3分ほどあたため、冷蔵庫で1日寝かせる（a）。

**作り方**

別のボウルに（a）を漉し入れ、クレーム・ド・フレーズを加えて混ぜる。

アイスクリームマシンにかけ、空気を含んで白っぽくなり、マシンの羽にくっつく程度のかたさになったらとめる。

memo　　＊ソルベ液の空気の含みがあまいと、かたい仕上がりになってしまうので注意します。
　　　　＊冷凍庫で2週間保存可能です。

---

# いちごのコンフィチュール

**材料**／10皿分
（作りやすい分量）20g使用
いちご（へたを取ったもの）
　……135g
フランボワーズ……45g
三温糖……65g
HMペクチン……4g
板ゼラチン……2.5g
レモン果汁……2g
クレーム・ド・フランボワーズ
　……4g

**作り方**

鍋にいちごとフランボワーズ、三温糖⅔量を入れ、ゴムベラでつぶしながら中火で煮る。

火からおろしてハンドブレンダーでピュレ状にする。

ボウルに残りの三温糖とHMペクチンを入れてすり混ぜ、2を少し加えてよく混ぜる。

2に3を加え、ダマができないように混ぜながら中火で加熱する。

火からおろし、氷水（分量外）で戻した板ゼラチンを加えて混ぜ、氷水にあてて30℃以下に冷ます。

レモン果汁とクレーム・ド・フランボワーズを加えて混ぜる。

memo

冷蔵庫で7日間保存可能です。

# いちごの泡

**材料**／8皿分（作りやすい分量）大さじ1使用
水……100g
A 大豆レシチンパウダー……0.8g
　 グラニュー糖……30g
いちご……15g
B レモン果汁……2.5g
　 クレーム・ド・フレーズ……1.5g

**作り方**　＊写真は2倍量です

1 鍋に水を入れて沸かし、すり混ぜたAを入れたボウルに少しずつ加えて溶かし、氷水にあてて混ぜながら冷ます。

2 ボウルにハンドブレンダーでピュレ状にしたいちごを入れ、Bを加えて混ぜ、さらに1を加えて混ぜる。

3 別のボウルに漉し入れ、裏漉しした液体をハンドブレンダーでしっかり泡立てる。

泡立てる前の液体は、冷凍庫で2週間保存可能。泡立てたあとはすぐにしぼんでしまうので、手早く盛りつけます。

# マスカルポーネチーズのムース

**材料**／直径4cmシリコン半球型8個分（作りやすい分量）1個使用
A 牛乳……20g
　 はちみつ……10g
板ゼラチン……1.5g
マスカルポーネチーズ……80g
生クリーム（35％／7分立て）……50g

**作り方**　＊写真は2倍量です

1 鍋にAを入れ、中火で沸騰直前まで沸かしたら火をとめ、氷水（分量外）で戻した板ゼラチンを加えて溶かす。

2 ボウルに移し、氷水にあてて40℃まで冷やす。

3 別のボウルにマスカルポーネチーズを入れ、2を少しずつ加えて、ダマがなくなるまで混ぜ、32℃前後に調節する。

4 生クリームを加えて全体がなじむように混ぜる。

5 カップなどに移して直径4cmの半球型に流し、冷凍庫で3時間冷やしかためる。

＊マスカルポーネチーズを入れると温度が下がるので32℃前後に調節します。32℃より高い場合は氷水にあてて冷まし、32℃より低い場合は湯煎して温度を上げます。
＊冷凍庫で7日間保存可能です。

## フロマージュ・ブランのクリーム

**材料**／8皿分（作りやすい分量）15g使用
フロマージュ・ブラン……75g
水きりヨーグルト……50g
粉糖……6g
ライチリキュール……5g

**作り方**
ボウルにすべての材料を入れ、軽く合わせるように混ぜる。

memo

冷蔵庫で2日間保存可能です。

## バジルの砂糖漬け

**材料**／10皿分（作りやすい分量）3g使用
バジルの葉……2g
卵白……5g
グラニュー糖……20g

memo

保存の際は乾燥剤と一緒に密
封容器に入れて常温保存。7
日間保存可能です。

**作り方**

| 1 バジルの茎を取り、表と裏にそれぞれ溶きほぐした卵白を塗る。 | 2 表と裏にグラニュー糖をまんべんなくつける。 | 3 天板にのせ、湿度の低い涼しい場所で、途中で表と裏を返しながら、2日間乾燥させる。 | 4 フードプロセッサーに3を入れ、高速で粗く砕く。 |

## 〈組み立て〉

**材料**／1人分
フロマージュ・ブランのクリーム……15g
マスカルポーネチーズのムース……1個
クレーム・パティシエール（p10参照）……10g
いちごのコンフィチュール……20g
いちご（小／厚さ2mmのスライス）……2粒分

いちごとバジルのソルベ……40g
いちごの泡……大さじ1
バジルの砂糖漬け……3g
ホウセンカ……適量

ホウセンカ

いちごの泡

バジルの砂糖漬け

いちご
下にいちごのコンフィチュール

いちごとバジルのソルベ
下に上から順に
クレーム・パティシエール、
マスカルポーネチーズのムース、
フロマージュ・ブランのクリーム

**組み立て方**／器：ガラス小鉢 （直径15.5cm、中央直径8mm、深さ2cm）

1　器にフロマージュ・ブランの
クリームをのせる。

2　マスカルポーネチーズのムー
スを重ねる。

3　丸口金の絞り袋にクレーム・
パティシエールを入れ、2の
½に絞り、残り½にいちごの
コンフィチュールをかける。

4　いちごを3のコンフィチュー
ルが隠れるようにじゃばら状
に並べる。

5　中心から全体を覆うようにい
ちごとバジルのソルベをのせ
る。

6　泡立てたいちごの泡をスプー
ンに取って丸くのせ、上にホ
ウセンカを飾り、バジルの砂
糖漬けをかける。

# Melon et thé vert en soupe

## メロンと抹茶のスープ仕立て

メロンのマリネ、メロンのジュレ、メロンのムース、抹茶のソース etc.

上品な甘さと芳醇な香り、そしてみずみずしさいっぱいの青肉メロン。
同様に香り高く、美しい色の抹茶。この2つを組み合わせた、色鮮やかなデセールです。
メロンのマリネにはすだちを、ジュレとムースにはリカールを加え、より清々しく仕上げました。
初夏の旬を涼と一緒に感じさせてくれます。

# メロンのジュレ

**材料**／8皿分（作りやすい分量）20g使用
メロン果肉……140g
A　グラニュー糖……6g
　｜　アガー……10g
レモンの皮（すりおろし）……4g
レモン果汁……3g
リカール……適量

<u>memo</u>

＊冷蔵庫で2日間保存可能です。

**作り方**

1　ジューサーにメロン果肉を入れてピュレ状にし、このうち40gを、Aを入れてすりまぜたボウルに加えて混ぜる。

2　鍋に残りのメロン果肉のピュレ100gとレモンの皮を入れ、中火にかけて沸いたら1を加えて再び沸かす。

3　別のボウルに漉し入れ、氷水にあてて冷やす。

4　レモン果汁とリカールを加えて、冷蔵庫に3時間入れて冷やしかためる。

# メロンのムース

**材料**／5皿分（作りやすい分量）40g使用
メロン果肉……66g
板ゼラチン……1.9g
プレーンヨーグルト……20g
イタリアンメレンゲ（p47参照）……20g
生クリーム（35%／8分立て）……13g
リカール……4g

<u>memo</u>

冷蔵庫で2日間保存可能です。

**作り方**

1　ジューサーでメロン果肉をピュレ状にし、ボウルに漉し入れる。

2　鍋に1の¼量と氷水（分量外）で戻した板ゼラチンを入れ、中火で沸かして溶かす。

3　1に2を加えて混ぜ、氷水にあてて30℃まで冷やす。

4　ヨーグルト、イタリアンメレンゲ、生クリーム、リカールを加えて混ぜ、冷蔵庫で3時間冷やしかためる。

# 抹茶のソース

**材料**／5皿分（作りやすい分量）3g使用
抹茶……2.5g
牛乳……15g

**作り方** ＊写真は2倍量です

ボウルに抹茶を入れ、混ぜて
ほぐす。

牛乳をダマにならないように
少しずつ加え、よく混ぜる。

別のボウルに漉し入れる。

<u>memo</u>

冷蔵庫で2日間保存可能です。

# 抹茶の泡

<u>memo</u>

泡立てる前の液体は、冷蔵庫
で2日間保存可能。泡立てた
あとはすぐにしぼんでしまう
ので、手早く盛りつけます。

**材料**／5皿分（作りやすい分量）大さじ1使用
抹茶……2g
牛乳……72g

**作り方**

ボウルに抹茶を入れ、混ぜて
ほぐす。

牛乳をダマにならないように
少しずつ加え、よく混ぜる。

鍋に移し、中火であたためる。

カップに流し入れ、ハンドブ
レンダーで泡立てる。

# メロンのマリネ

**材料**／5皿分（作りやすい分量）30g使用
メロン果肉（やわらかい部分）……¼個分
すだちの果汁……1個分
塩……適量

**作り方**
メロンの種と皮を取り、やわらかい部分だけ1cm角から
ひと口大に切り、ボウルに入れてすだちと塩を加えて混ぜる。

memo

＊メロンの甘みによって塩と
すだちの量を調整します。
＊冷蔵庫で2日間保存可能で
す。

## 〈組み立て〉

**材料**／1人分
メロンのマリネ……30g　　抹茶の泡……大さじ1
メロンのムース……40g　　抹茶のソース……3g
メロンのジュレ……20g　　フェンネルの花……適量

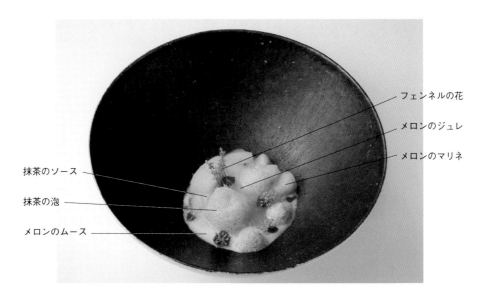

フェンネルの花
メロンのジュレ
メロンのマリネ
抹茶のソース
抹茶の泡
メロンのムース

**組み立て方**／器：深鉢（直径21cm、深さ8cm）

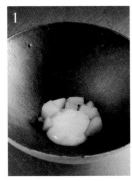

器の底にマリネを敷き、ムー
スをのせる。

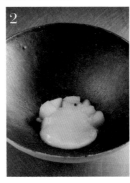

ジュレを上から重ねるように
おく。

抹茶の泡をのせ、抹茶ソース
をかける。

フェンネルの花を飾る。

# Warabimochi au pamplemousse et sorbet de thé Kaga-Hojicha

## グレープフルーツのわらびもちと加賀棒茶のソルベ

加賀棒茶とグレープフルーツのソルベ、グレープフルーツのわらびもち、
グレープフルーツのジュレ、ミントのジュレ、グレープフルーツの皮のクリスタリゼ、
セミドライグレープフルーツ etc.

グレープフルーツのわらびもちに加賀棒茶のソルベを組み合わせた、和と洋の融合が斬新な一皿です。
モチモチ、ぷるん、トロッと食感も様々に楽しく、
ミントを添えて透明感たっぷりのさわやかな味わいに仕上げました。
マロウブルーの鮮やかさ、紫蘇花穂の愛らしさにも魅せられます。

# グレープフルーツのわらびもち

**材料**／17皿分（作りやすい分量）8個使用

A わらびもち粉……15g
　　グラニュー糖……7g
　　グレープフルーツ果汁（ルビー）……70g
　　グレープフルーツ果肉（ルビー／房から出して
　　　細かくちぎったもの）……40g
　ジン……2g

<u>memo</u>

冷蔵庫で1日保存可能です。

**作り方** ＊写真は2倍量です

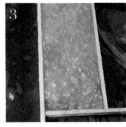
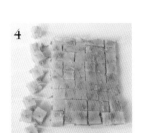

1 鍋にAを入れて中火にかけ、粘度が出てきたら、透明感が出てくるまで、混ぜながらさらに加熱する。

2 火をとめ、ジンを加えて混ぜる。

3 OPPシートを敷いたトレーに、厚さ1.5cmの角材を4本おいて枠を作り、2を流し、パレットでならす。

4 冷蔵庫で2時間冷やしかため、冷蔵庫から出し、まな板において四方を切りそろえ、半分に切りさらに1cm角に切る。

# 加賀棒茶とグレープフルーツのソルベ

**材料**／15皿分
（作りやすい分量）40g使用
グレープフルーツ（ホワイト）
　……½個
A 水……600g
　　グラニュー糖……200g
　　スペアミント
　　　（粗みじん切り）
　　　……4g
　加賀棒茶……14g

**作り方**

1 グレープフルーツを洗い、皮はピーラーでむいて内側のわたを取り除き、果肉は厚さ1cmほどの輪切りにする。

2 鍋に1とAを入れて中火にかけ、沸いたら弱火にし、5分加熱する。

3 火をとめ、加賀棒茶を加え、ラップを密着させてかけ、5分蒸らす。

4 ボウルに漉し入れ、漉し器に残ったグレープフルーツの果肉をつぶしながら果汁を絞り出し、氷水にあてて10℃以下に冷やす。

5 アイスクリームマシンにかけ、空気を含んで白っぽくなり、マシンの羽にくっつく程度のかたさになったらとめる。

<u>memo</u>

＊ソルベ液の空気の含みがあまいと、かたい仕上がりになってしまうので注意します。
＊冷凍庫で2週間保存可能です。

# グレープフルーツの皮のクリスタリゼ

**材料**／20皿分
（作りやすい分量）5g使用
グレープフルーツの皮
　（ホワイト）……½個分
グラニュー糖……15g
水……50g
トレハロース……15g

**作り方**　＊写真は2倍量です

1 グレープフルーツは洗ってピーラーで皮を薄くむき、沸いた湯（分量外）に入れてゆでこぼし、内側のわたを取る。

2 鍋にグラニュー糖と水を入れて中火にかけ、沸いたら1を細い千切りにして加え、弱火で10〜15分加熱する。

3 漉し器で漉して、皮を取り出す。

## memo

保存の際は乾燥剤と一緒に密封容器に入れて常温保存。7日間保存可能です。

4 キッチンペーパーを敷いたバットにのせ、上からキッチンペーパーをあてて皮についている余分なシロップを取る。

5 オーブンシートを敷いた天板に広げ、常温で1日乾燥させる。

6 ボウルにトレハロースを入れ、5を加えてまぶす。

---

# セミドライグレープフルーツ

**材料**／11個分（作りやすい分量）1個使用
グレープフルーツの果肉（ホワイト）……1個分
グラニュー糖……適量

**作り方**

1 グレープフルーツの果肉の薄皮をむき、キッチンペーパーで水気をきる。

2 ボウルにグラニュー糖を入れ、1を転がして全体にまぶす。

3 フードドライヤーにのせ、途中で表と裏を返しながら1日乾燥させる。

## memo

保存の際は乾燥剤と一緒に密封容器に入れて常温保存。3日間保存可能です。

# グレープフルーツのパーツ

**材料**／3皿分（作りやすい分量）直径7cm1個使用
グレープフルーツ果肉（ホワイト／薄皮をむいたもの）……1個分

**作り方**

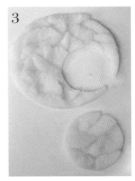

**1** グレープフルーツの果肉を半分の厚さに切り、OPPシートを敷いた天板においた直径15cm高さ8cmのセルクルの底に敷き詰める。

**2** 冷凍庫で1時間冷やしかため、セルクルをはずす。

**3** 直径7cmのセルクルでくりぬく。

<u>memo</u>

＊2皿目は同様にくりぬき、3皿目はくりぬいたあとの残りを直径7cmのセルクルの底に敷き詰め、再び冷凍庫で冷やしかためて作ります。
＊冷凍庫で5日間保存可能です。

# グレープフルーツのジュレ

**材料**／直径5cm高さ2cmのセルクル6個分
（作りやすい分量）1個使用

A　グレープフルーツ果汁（ホワイト）……200g
　│　グラニュー糖……40g
板ゼラチン……2.4g
マロウブルー……1.2g

<u>memo</u>

＊型は、セルクルの底をラップでおおい、輪ゴムでとめて作ります。
＊冷凍庫で2日間保存可能です。

**作り方**

**1** 鍋にAを入れて中火にかけ、沸いたら火からおろし、氷水（分量外）で戻した板ゼラチンを加えて混ぜる。

**2** マロウブルーを加えて混ぜ、ラップを密着させてかけ、20分ほど蒸らす。

**3** ボウルに漉し入れ、氷水にあてて10℃以下に冷やし、カップに移す。

**4** セルクルで作った型に注ぎ、冷蔵庫で2時間冷やしかため、冷蔵庫から出して型をはずす。

# ミントのジュレ

材料／6皿分（作りやすい分量）20g使用

A　水……140g
　　グラニュー糖……20g
　　ライムの皮（すりおろし）……6g
　　レモングラス（生）……2g
　　スペアミント……3g

板ゼラチン……2g
ホワイトラム……20g

memo

冷蔵庫で3日間保存可能です。

## 作り方

鍋にAを入れて中火にかけて沸かす。

火をとめ、氷水（分量外）で戻した板ゼラチンを加えて混ぜる。

ボウルに漉し入れ、氷水にあてて30℃以下に冷やす。

氷水から出し、ホワイトラムを加えて混ぜ、冷蔵庫で2時間冷やしかためる。

# ミントの泡

材料／20皿分（作りやすい分量）大さじ1使用
グラニュー糖……30g
大豆レシチンパウダー……0.8g
水……100g
スペアミント（粗く刻んだもの）……8g

memo

泡立てる前の液体は、冷凍庫で2週間保存可能。泡立てたあとはすぐにしぼんでしまうので、手早く盛りつけます。

## 準備

ボウルにグラニュー糖と大豆レシチンパウダーを入れてすり混ぜ、水10gを加えて混ぜる。

鍋に1と残りの水を加え、中火で沸かし、スペアミントを加え、ラップを密着させてかけて冷蔵庫で1日寝かせる。

## 作り方

冷蔵庫から取り出し、カップに漉し入れて絞り出す。

500Wの電子レンジで30秒あたため、ハンドブレンダーで泡立てる。

# 〈組み立て〉

**材料**／1人分
グレープフルーツのわらびもち……8個
加賀棒茶とグレープフルーツのソルベ……40g
グレープフルーツのパーツ……1個
グレープフルーツのジュレ……1個
ミントのジュレ……20g

セミドライグレープフルーツ……1個
グレープフルーツの皮のクリスタリゼ……5g
ミントの泡……大さじ1
紫蘇花穂……適量

グレープフルーツのジュレ
下に上から順に
グレープフルーツのパーツ、
加賀棒茶とグレープフルーツのソルベ、
グレープフルーツのわらびもち

グレープフルーツの皮の
クリスタリゼ

紫蘇花穂

セミドライグレープフルーツ

ミントのジュレ

ミントの泡

**組み立て方**／器：小鉢（直径15cm、深さ7cm）

1 器の底にグレープフルーツのわらびもちをおく。

2 加賀棒茶とグレープフルーツのソルベをのせる。

3 グレープフルーツのパーツを重ねる。

4 グレープフルーツのジュレをのせる。

5 ミントのジュレをかける。

6 セミドライグレープフルーツを3つに割ってのせる。

7 紫蘇花穂を飾る。

8 グレープフルーツの皮のクリスタリゼをおき、ミントの泡をのせる。

# Sorbet à la pêche blanche et Wasabi, parfumé au citron vert et à la vanille

## 白桃とわさびのソルベ　ライムとバニラの香り

白桃とわさびのソルベ、メープルシュガーとバニラのアイスクリーム、
白桃、ライム、バニラのコンフィチュール、ライムのムース、
フランボワーズと白桃、ライム、バニラのソース etc.

繊細でなめらかな食感とまろやかな甘さが魅力の白桃を、華やかでかわいらしい一皿に仕立てました。
影の主役はわさび。白桃とソルベにしたり、
砂糖とパウダーにして、白桃のやさしい味わいを際立たせてみました。
ミントやエディブルフラワーを飾り、清涼感たっぷりと、より色鮮やかに組み立てます。

# ライムのムース

材料／直径4.5cmシリコン半球型15個分（作りやすい分量）　1個使用

A　ライム果汁……63g　　板ゼラチン……1.5g
　│　ライムの皮（すりおろし）　ショコラ・ブラン（36%）……125g
　│　……3g　　　　　　　生クリーム（35%／7分立て）……125g
卵黄……13g

memo

冷凍庫で2週間保存可能です。

作り方

鍋にAを入れて中火で沸かす。

ボウルに卵黄を溶き、1を少しずつ加えて混ぜる。

鍋に戻し、82℃まで加熱して火をとめ、氷水（分量外）で戻した板ゼラチンを加えて溶かす。

ボウルにショコラを入れ、湯煎で溶かす。

4に3を漉しながら少しずつ入れ、ハンドブレンダーで混ぜて乳化させる。

氷水にあて、混ぜながら28℃まで冷やす。

生クリームを加えて混ぜる。

絞り袋に入れて直径4.5cmの半球型に絞り入れ、冷凍庫で3時間冷やしかためる。

# フランボワーズのチュイール

作り方　＊写真は2倍量です

材料／30×30cm天板1台分
（作りやすい分量）
ひと口大4枚使用
フランボワーズのピュレ
　……100g

鍋にフランボワーズのピュレを入れ、中火で少しとろみがつくまで煮詰める。

シルパットを敷いた天板に薄くのばし、ダンパーを開けた100℃のオーブンで3時間焼く。

オーブンから取り出し、早めにシルパットからはずしてひと口大に割る。

memo　　保存の際は乾燥剤と一緒に密封容器に入れて常温保存。7日間保存可能です。

# 白桃、ライム、バニラのコンフィチュール

**材 料**／15皿分（作りやすい分量）20g使用
白桃……255g
A　グラニュー糖……43g
　│　トレハロース……43g
　│　ライム果汁……½個分
　│　ライムの皮（すりおろし）
　│　　……2.5g
　│　バニラビーンズ……⅓本分

**作 り 方**

1
白桃は皮を湯むきして、種を
取って8mm角に切る。

2
鍋に1とAを加え、中火にか
けて沸いたら弱火にし、あく
を取りながら、とろみがつく
まで（Brix 40%）煮詰める。

memo
＊皮と種はナパージュを、煮
詰めた際にできるシロップは
フランボワーズと白桃、ライ
ム、バニラのソース、白桃マ
リネ液を作る際に使用します。
＊冷蔵庫で7日間保存可能で
す。

# フランボワーズと白桃、ライム、バニラのソース

**材 料**／10皿分（作りやすい分量）20g使用
フランボワーズのピュレ……75g
白桃、ライム、
　バニラのコンフィチュールのシロップ（上記参照）……25g
コーンスターチ……4g

memo
冷蔵庫で3日間保存可能です。

**作 り 方**

1
鍋にフランボワーズのピュレ
を入れ、中火で沸かす。

2
ボウルにシロップを入れ、コ
ーンスターチを加えて混ぜる。

3
2を1に加え、中火でとろみ
がつくまで（Brix 50%）煮
詰める。

4
ボウルに移し、氷水にあてて
冷やす。

# 白桃のナパージュ

材料／15皿分（作りやすい分量）5g使用

A 水……112g    C HMペクチン……2.75g
  グラニュー糖……18g     グラニュー糖……2.5g（後入れ）
B 白桃の皮……1個分
  白桃の種……1個分

**準備** ＊写真は2倍量です　　　　　　　　　　　　　　**作り方** ＊写真は2倍量です

鍋にAを入れ、中火で沸かす。

ボウルにBを入れ、1を注ぎ、密着させてラップをかけて、冷蔵庫で1日寝かせて香りを移す（a）。

別のボウルに（a）を漉し入れ、計量して145gにたりない場合、水（分量外）をたす。

### memo

＊白桃の皮と種は白桃、ライム、バニラのコンフィチュール（p88）を作った際に出たものを使用します。
＊冷蔵庫で3日間保存可能です。

鍋に移し、中火にかけてあたためる。

ボウルにCを入れてすり混ぜ、2を少し加えて混ぜ、2に戻す。

中火でとろみがつくまで（Brix 65％）混ぜながら煮詰める。

# 白桃マリネ液

材料／8皿分（作りやすい分量）5g使用

白桃、ライム、バニラのコンフィチュールのシロップ（p88参照）、白ワインビネガー……各適量

**作り方**

コンフィチュールのシロップの味を見ながら、
白ワインビネガーを加え、ほのかに酸味が感じられる程度に調整する。

### memo

冷蔵庫で3日間保存可能です。

# 白桃とフランボワーズの泡

**材料**／12皿分（作りやすい分量）大さじ1使用

A　グラニュー糖……30g 白桃のピュレ……20g
　　大豆レシチンパウダー フランボワーズのピュレ……20g
　　　……1g ライム果汁……20g
水……100g

**作り方**

ボウルにAを入れてすり混ぜ
る。

鍋に残りの材料を入れ、中火
で沸かす。

1に2を少しずつ加えて混ぜ
る。

カップに移し、ハンドブレン
ダーで泡立てる。

# メープルシュガーとバニラのアイスクリーム

**材料**／25皿分（作りやすい分量）
15g使用

A　牛乳……145g
　　生クリーム（35%）……145g
　　バニラビーンズ……½本分
　　グラニュー糖……50g
B　卵黄……55g
　　メープルシュガー……40g

**準備**

鍋にAを入れ、中火で沸かし、
火をとめてハンドブレンダー
で混ぜ、ラップをかけて冷蔵
庫で1日寝かせる（a）。

**作り方**

（a）を中火にかけて沸かし、
ボウルに入れてすり混ぜたB
に少しずつ加えて混ぜる。

鍋に戻して弱火にかけ、混ぜ
ながら82℃まで加熱する。

ボウルに漉し入れて絞り出し、
氷水にあてて10℃以下に冷
やす。

アイスクリームマシンにかけ、
空気を含んで白っぽくなり、
マシンの羽にくっつく程度の
かたさになったらとめる。

# バニラ風味のクレーム・シャンティイ

**材料**／12皿分（作りやすい分量）20g使用
生クリーム（35％）……125g
バニラビーンズ……⅛本分
グラニュー糖……10g

**作り方**

鍋に生クリーム100gとバニラビーンズを入れ、中火で沸かして火をとめ、ラップをかけて冷蔵庫で1日寝かせる。

ボウルに1を漉し入れ、残りの生クリームとグラニュー糖を加え、8分立てぐらいに泡立てる。

<u>memo</u>

冷蔵庫で2日間保存可能です。

---

# わさびの砂糖漬け

**材料**／67g（作りやすい分量）1g使用
わさび（生）……6g
ライムの皮……1g
グラニュー糖……60g

<u>memo</u>

保存の際は乾燥剤と一緒に密封容器に入れて常温保存。10日間保存可能です。

**作り方**

わさびの表面を削り、ボウルにすりおろす。

別のボウルにライムの皮をすりおろし、1とグラニュー糖を加えてすり混ぜる。

オーブンシートを敷いた天板に広げ、常温で1〜2日乾燥させる。

フードプロセッサー（中速）で粗めに砕く。

# 白桃とわさびのソルベ

**材料**／100個分（作りやすい分量）4個使用

A 水……100g
　 グラニュー糖……60g

B 白桃ピュレ……280g
　 わさび（生／すりおろし）……20g
　 ライムの皮（すりおろし）……3g
　 エルダーフラワーリキュール……8.4g

**作り方**

鍋にAを入れ、中火で沸かしてシロップを作る。

ボウルに移し、氷水にあてて粗熱を取り、Bを加えて混ぜ、10℃以下に冷やす。

アイスクリームマシンにかけ、空気を含んで白っぽくなり、マシンの羽にくっつく程度のかたさになったらとめる。

OPPシートを敷いた作業台にのせ、シートをもう1枚かけてはさみ、麺棒で厚さ1cmほどにのばす。

冷凍庫で2時間冷やしかため、取り出して1cm角に切る。

## memo

＊ソルベ液の空気の含みがあまいと、かたい仕上がりになってしまうので注意します。
＊厚さ1cmにのばす際は、1cmの角材を両サイドにおくと均等の厚さにのばしやすくなります。
＊冷凍庫で2週間保存可能です。

---

# 〈組み立て〉

**材料**／1人分

ライムのムース……1個
白桃、ライム、バニラのコンフィチュール……20g
フランボワーズ……2個
パン・ド・ジェンヌ（p11参照）……10g
白桃マリネ液……5g
白桃（8mm角）……⅛個分
フランボワーズと白桃、ライム、バニラのソース……20g
バニラ風味のクレーム・シャンティイ……20g

白桃のナパージュ……5g
白桃とフランボワーズの泡……大さじ1
フランボワーズのチュイール……ひと口大4枚
メープルシュガーとバニラのアイスクリーム……15g
白桃とわさびのソルベ……4個
わさびの砂糖漬け……1g
ベゴニア、紫芽、ペチュニア、ミントの葉……各適量

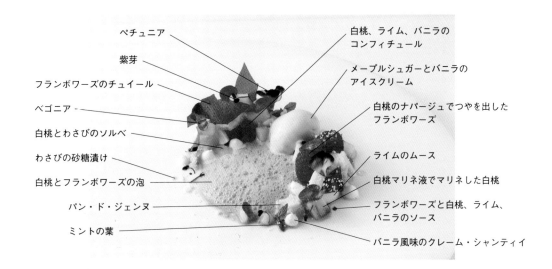

ペチュニア

紫芽

フランボワーズのチュイール

ベゴニア

白桃とわさびのソルベ

わさびの砂糖漬け

白桃とフランボワーズの泡

パン・ド・ジェンヌ

ミントの葉

白桃、ライム、バニラの
コンフィチュール

メープルシュガーとバニラの
アイスクリーム

白桃のナパージュでつやを出した
フランボワーズ

ライムのムース

白桃マリネ液でマリネした白桃

フランボワーズと白桃、ライム、
バニラのソース

バニラ風味のクレーム・シャンティイ

**組み立て方／器：平大皿（直径30.5cm）**

1

ライムのムースを4つに切って皿におき、白桃、ライム、バニラのコンフィチュールをのせる。

2

フランボワーズをおき、パン・ド・ジェンヌをひと口大にちぎってのせる。

3

白桃マリネ液でマリネした白桃をのせる。

4

フランボワーズと白桃、ライム、バニラのソースで点を描き、ベゴニア、紫芽、ペチュニア、ミントの葉を飾る。

5

バニラ風味のクレーム・シャンティイを小さめの丸口金の絞り袋に入れて絞る。

6

白桃のナパージュを筆に取り、フランボワーズに塗ってつやを出し、皿に点を描く。

7

白桃とフランボワーズの泡をのせ、フランボワーズのチュイールを立てる。

8

アイスクリームをクネルしてのせ、白桃とわさびのソルベをおき、わさびの砂糖漬けをふる。

# Composition au chocolat

## ショコラのコンポジション

クレーム・ブリュレ・ショコラ、赤ワイン風味のテリーヌ・ショコラ、
ショコラのクランブル、大葉と白ワインのソルベ、グラン・マルニエのソルベ、
リュバーブと赤ワインのコンポート、りんごのキャラメリゼ etc.

濃厚なショコラをテリーヌやクレーム・ブリュレにし、
大葉と白ワインのソルベ、リュバーブと赤ワインのコンポート、
りんごのキャラメリゼなどと層状に組み立てました。
層ごとに完成されたおいしさと、複数のパーツから生まれる風味、
全体が一つになって表れる重厚な味わいを楽しむことができます。

# リュバーブと赤ワインのコンポート

**材 料**／10皿分（作りやすい分量）30g使用

リュバーブ（冷凍可／2cm角）……100g
三温糖……30g
グラニュー糖……20g

オレンジ（輪切り）……¼個分
赤ワイン……300g
レモン果汁……10g

**作 り 方**

鍋にレモン果汁以外の材料を
入れ、2割程度煮詰まり軽く
とろみが出るまで中火で煮る。

氷水にあてて混ぜながら冷ま
し、レモン果汁を加えて味を
調える。

memo

＊オレンジは煮くずれしない
よう、大きいものなら厚さ1
〜1.5cmのスライスにします。
＊こげつきやすいので時折ゴ
ムベラで混ぜながら煮ます。
＊冷蔵庫で3日間保存可能で
す。

---

# キャラメル

**材 料**／10皿分（作りやすい分量）45g使用

水……20g
グラニュー糖……73g
水あめ……93g

塩……2g
生クリーム（35%）……228g

**作 り 方**

鍋に水、グラニュー糖、水あ
め、塩を入れ、中火で薄い茶
色に色づくまで加熱する。

別の鍋に生クリームを入れて
沸かし、1に加えて混ぜなが
ら102℃になるまで加熱する。

ハンドブレンダーで撹拌して
ボウルに移し、氷水にあてて
混ぜながら冷やす。

memo

＊1が色づくと同時に2が沸く
ようにすると作業がしやすくな
ります。
＊冷凍庫で2週間保存可能です。

# 赤ワイン風味のテリーヌ・ショコラ

**材料** ／16皿分（作りやすい分量）35g使用

ショコラ・ノワール（56％）……25g
ショコラ・ノワール（72％）……25g
ショコラ・ノワール（64％）……20g
ショコラ・オ・レ（40％）……20g
A カカオパウダー……5g
　 グラニュー糖……50g

B 生クリーム（35％）……100g
　 バター……20g
　 塩……1g
　 キャラメル（p95参照）……45g
赤ワイン……75g
卵黄……40g
シナモンパウダー、アニスパウダー……各適量

**作り方**

ボウルにショコラ4種を入れ、湯煎にかけて溶かす。

合わせてすり混ぜたAを加え、ダマがなくなるまで混ぜ、再び湯煎にかける。

鍋にBを入れ、中火で沸騰直前まで沸かし、2に加えて混ぜる。

残りの材料を加えて混ぜ、さらにハンドブレンダーにかけて乳化させる。

深めのバットに漉し入れ、スチーム機能の75℃のオーブンで、20〜30分焼く。

オーブンから出し、表面に密着するようにラップをかけ、氷水にあてて冷まし、冷蔵庫で半日冷やしかためる。

memo

＊ハンドブレンダーにかける前、残りの材料を入れた時に冷たいようであれば、湯煎にかけて40〜45℃にします。
＊生地の表面に張りが出て、揺らすとわずかに揺れるようになれば焼き上がりです。
＊組み立てをはじめる前に、全体が均一になるまでゴムベラで混ぜます。
＊冷蔵庫で3日間保存可能です。

# 大葉と白ワインのソルベ

**材料** ／10皿分（作りやすい分量）20g使用

水……100g
グラニュー糖……30g
大葉（細かく刻んだもの）……5枚分
白ワイン……90g

**準備**

鍋に水とグラニュー糖を入れ、中火で沸かして火をとめ、大葉を加え、ラップをかけて冷蔵庫で1日寝かせる（a）。

**作り方**

（a）に白ワインを加えて混ぜる。

アイスクリームマシンにかけ、空気を含んで白っぽくなり、マシンの羽にくっつく程度のかたさになったらとめる。

memo

＊ソルベ液の空気の含みがあまいと、かたい仕上がりになってしまうので注意します。
＊冷凍庫で2週間保存可能です。

# クレーム・ブリュレ・ショコラ

**材料**／16皿分（作りやすい分量）12g使用
ショコラ・ノワール（68%）……50g
カカオパウダー……1g
グラニュー糖……4g
コーンスターチ……4g

牛乳（よく冷えているもの）……112g
生クリーム（35%）……67g
卵黄……37.5g

**作り方**

ボウルにショコラを入れ、湯煎にかけて溶かし、カカオパウダーを加えてダマにならないように混ぜる。

ボウルにグラニュー糖とコーンスターチを入れてすり混ぜ、冷たい牛乳を少し加えて混ぜる。

鍋に残りの牛乳と生クリームを入れて沸かし、2を加えて混ぜ、中火で混ぜながら加熱し、1に加えて混ぜる。

卵黄を加えてゴムベラで混ぜ、さらにハンドブレンダーで攪拌する。

深めバットに漉し入れ、スチーム機能の94℃のオーブンで15分ほど焼く。

表面に密着するようにラップをかけ、常温で冷まし、冷蔵庫で3時間冷やしかためる。

memo

＊こげつきやすいので絶えずゴムベラで混ぜながら加熱します。
＊生地の表面に張りが出て、揺らすとわずかに揺れるようになれば焼き上がりです。
＊組み立てをはじめる前に、全体が均一になるまでゴムベラで混ぜます。
＊冷蔵庫で3日間保存可能です。

# グラン・マルニエのソルベ

**作り方**

**材料**／15皿分
（作りやすい分量）15g使用
水……100g
グラニュー糖……50g
オレンジ・コンサントレ
……26.7g
グラン・マルニエ……16.7g

鍋に水とグラニュー糖を入れ、中火にかけて沸いたら火からおろし、オレンジ・コンサントレを加えて混ぜる。

氷水にあてながら30℃以下に冷やし、グラン・マルニエを加えて混ぜ、さらに混ぜながら10℃以下に冷やす。

アイスクリームマシンにかけ、空気を含んで白っぽくなり、マシンの羽にくっつく程度のかたさになったらとめる。

memo　＊ソルベ液の空気の含みがあまいと、かたい仕上がりになってしまうので注意します。
　　　＊冷凍庫で2週間保存可能です。

# カカオニブの糖衣がけ

**材料**／10皿分（作りやすい分量）3g使用
水……9g
グラニュー糖……20g
カカオニブ（グリュエ・ド・カカオ）……25g

**作り方** ＊写真は2倍量です

大きめの鍋に水とグラニュー糖を入れ、中火にかけて118℃まで加熱し、火をとめる。

カカオニブを入れ、再結晶化して白くパラパラとした状態になるまで、木ベラで底から返すようにゆっくり混ぜる。

天板に広げ、常温で冷ます。

memo

保存の際は乾燥剤と一緒に密封容器に入れて常温保存。7日間保存可能です。

# りんごのキャラメリゼ

**材料**／10皿分（作りやすい分量）15g使用
りんご（中／皮をむいたもの／1cm角）……1個分
三温糖……33g
グラニュー糖……6.7g
シナモンパウダー……適量

**作り方**

耐熱ボウルにりんごを入れ、500Wの電子レンジで2分加熱してあたためる。

鍋に三温糖とグラニュー糖を入れ、中火で加熱して濃いキャラメルを作り、火をとめる。

1を加えて混ぜ、再び弱火〜中火でりんごが濃い茶色に色づき、しんなりするまで加熱し、シナモンで味を調える。

memo

＊りんごはキャラメルの中に入れる時に、キャラメルの温度を一気に下げてかたまってしまわないようにあたためておきます。
＊冷蔵庫で3日間保存可能です。

# シブースト・ショコラ

**材料**／10皿分
（作りやすい分量）5g使用
イタリアンメレンゲ
　（p47参照）……25g
クレーム・ブリュレ・ショコラ
　（p97参照）……25g

**作り方**

1 p47を参照し、イタリアンメレンゲを作る。

2 ボウルに1とクレーム・ブリュレ・ショコラを1：1の割合で入れて混ぜる。

memo

冷蔵庫で1日保存可能です。

---

# ビスキュイ・ショコラ・サン・ファリーヌ

**材料**／30×30cm天板1台分
（作りやすい分量）10g使用
ショコラ・ノワール（64%）
　……60g
バター……40g
カカオパウダー……10g
グラニュー糖……15g
生クリーム（35%）……60g
全卵……60g

**作り方**　　＊写真は2倍量です

1 耐熱ボウルにショコラとバターを入れ、500Wの電子レンジに10～15秒ずつ数回かけて混ぜて溶かす。

2 カカオパウダーを加えて混ぜ、さらにグラニュー糖を加えてダマがなくなるまで混ぜる。

3 鍋に生クリームを入れて沸かして2に加え、全卵を加えて、ハンドブレンダーで撹拌する。

4 オーブンシートを敷いた天板に平らにのばし、ダンパーを閉めた160℃のオーブンで15～20分焼く。

5 オーブンから出して天板をはずし、網にのせて粗熱を取り、冷凍庫で2時間冷やしかためる。

6 冷凍庫から取り出してオーブンシートをはずし、適当な大きさに割り、フードプロセッサー（高速）で粗く砕く。

memo

冷凍庫で3週間保存できます。

# ショコラのクランブル

**材料**／40皿分（作りやすい分量）10g使用

ショコラ・ノワール（56%）
　　……10g
生クリーム（35%）……20g
全卵……12g
牛乳……14g

A　バター……55g
　　発酵バター……55g
　　塩……0.6g
グラニュー糖……68g

B　薄力粉……100g
　　強力粉……75g
　　カカオパウダー……30g
フィヤンティーヌ（サブレフレーク）……60g
カカオバター……焼成後の生地の⅓量

## 準備

1　耐熱ボウルにショコラを入れ、500Wの電子レンジに10～15秒ずつ数回かけて混ぜ、溶けたら沸かした生クリームを加えて混ぜる。

2　全卵を加えて混ぜ、さらに牛乳を加えて混ぜ、35℃以下にする。

3　ミキサーボウルにAを入れ、バターのダマがなくなってなめらかになるまで、ミキサー（低速）で混ぜる。

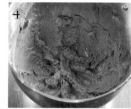

4　3にグラニュー糖を入れ、さらにミキサー（低速）で混ぜ、2を少しずつ加えて混ぜて乳化させる。

## 作り方

5　合わせてふるったBを入れ、粉気がなくなるまで、ミキサー（低速）で混ぜる。

6　フィヤンティーヌを加え、全体にいきわたるようにミキサー（低速）で混ぜる。

7　ラップの上にのせ、平たくしてラップで包み、冷蔵庫で一晩寝かせる。

1　冷蔵庫から取り出し、目の粗いふるいにかけて天板に押し出す。

2　表面がかたくなるまで冷凍庫で10～15分冷やし、冷凍庫から出して手でくっついている生地をほぐす。

3　ダンパーを開けた160℃のオーブンで、20分ほど焼く。

4　オーブンから出してパレットナイフで粒状にばらばらにする。

5　ダンパーを開けた160℃のオーブンで15～20分焼く。

6　5を計量してカカオバターを用意し、500Wの電子レンジに10～15秒ずつ数回かけて混ぜ、溶けたら5を入れて混ぜる。

7　オーブンシートを敷いた天板に広げ、冷蔵庫で1時間冷やしかためる。

<u>memo</u>

＊ミキサーはビーターをつけて使います。
＊ショコラは湯煎で溶かしてもOKです。
＊カカオバターをからめると油脂分の膜ができ、あとで冷やして使う時に生地が湿気にくくなります。
＊焼く前の生地は冷凍庫で3週間、焼いた後の生地は乾燥剤と一緒に密封容器に入れて常温で7日間保存可能です。

# 大葉の砂糖漬け

**材料**／7皿分（作りやすい分量）2g使用
大葉……5g
卵白……2.5g
グラニュー糖……10g

<u>memo</u>
保存の際は乾燥剤と一緒に密
封容器に入れて常温保存。7
日間保存可能です。

**作り方** ＊写真は2倍量です

大葉の茎を取り、表と裏にそ
れぞれ溶きほぐした卵白を塗
る。

表と裏にグラニュー糖をまん
べんなくつける。

オーブンシートの上に並べ、
湿度の低い涼しい場所で、途
中で表と裏を返しながら、2
日間乾燥させる（a）。

フードプロセッサーに（a）
を入れ、高速で粗く砕く。

# 〈組み立て〉

**材料**／1人分
リュバーブと赤ワインのコンポート……30g
赤ワイン風味のテリーヌ・ショコラ……35g
ショコラのクランブル……10g
カカオニブの糖衣がけ……3g
ビスキュイ・ショコラ・サン・ファリーヌ……10g
りんごのキャラメリゼ……15g
クレーム・ブリュレ・ショコラ……12g

生クリーム（35％／9分立て）……100g
グラン・マルニエのソルベ……15g
大葉と白ワインのソルベ……20g
シブースト・ショコラ……5g
大葉の砂糖漬け……2g
グラニュー糖……適量

グラニュー糖のキャラメリゼ
下にシブースト・ショコラ

生クリーム

大葉の砂糖漬け
赤ワイン風味のテリーヌ・ショコラ
大葉と白ワインのソルベ
グラン・マルニエのソルベ
リュバーブと赤ワインのコンポート
クレーム・ブリュレ・ショコラ
りんごのキャラメリゼ
ビスキュイ・ショコラ・サン・ファリーヌ
カカオニブの糖衣がけ
ショコラのクランブル
赤ワイン風味のテリーヌ・ショコラ
リュバーブと赤ワインのコンポート

**組み立て方／器：シャンパングラス（直径５cm、深さ12cm、高さ22cm）**

1　シャンパングラスの底にリュバーブと赤ワインのコンポートを少量入れる。

2　丸口金の絞り袋に赤ワイン風味のテリーヌ・ショコラを入れ、1の上に５g絞る。

3　ショコラのクランブル、カカオニブの糖衣がけ、ビスキュイ・ショコラ・サンファリーヌを順に重ねる。

4　りんごのキャラメリゼをのせる。

5　クレーム・ブリュレ・ショコラをグラスの端に隙間ができないようにのせる。

6　残りのリュバーブと赤ワインのコンポートを重ねる。

7　丸口金の絞り袋に生クリームを入れ、中央をあけて絞る。

8　グラン・マルニエのソルベをのせ、大葉と白ワインのソルベを重ねる。

9　グラスの上面まで残りの赤ワイン風味のテリーヌ・ショコラを入れ、パレットで上面をすり切る。

10　シブースト・ショコラを表面に薄く塗る。

11　グラニュー糖を表面全体に軽くふりかけ、バーナーで表面をあぶり、大葉の砂糖漬けをのせる。

memo

必ず耐熱性のあるグラスを使い、長時間バーナーであぶり続けるとグラスが割れる可能性があるので注意します。

# Mangue et chocolat, saveur tropicale

## マンゴーとショコラ　トロピカル風

ショコラ・ブランのモールド、マンゴーのコンフィチュール、マンゴークリーム、
ココナッツアイスクリーム、ココナッツムース、マンゴーとフランボワーズのソース etc.

マンゴーとココナッツという定番の組み合わせをアレンジし、
マンゴーに見立てたショコラのモールドが印象的なデセールに仕上げました。
モールドを割ると、マンゴーのコンフィチュールとクリームがとろりとこぼれ出ます。
各パーツが素材本来の形を思わせる遊びも加え、トロピカルな雰囲気を演出しました。

# ココナッツアイスクリーム

**材料**／直径21mm45個（作りやすい分量）2個使用
無脂肪乳……500g
ココナッツファイン……100g
グラニュー糖……70g
ココナッツリキュール……12.5g

**作り方**

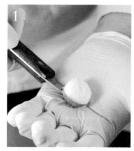

1　p26のココナッツアイスクリームを参照してアイスクリームを作り、直径21mmのフルーツボーラーでくりぬき、冷凍庫で1時間冷やしかためる。

memo

＊アイスクリーム液の空気の含みがあまいと、かたい仕上がりになってしまうので注意します。
＊ココナッツムース（p107参照）を作ったら、冷蔵庫からココナッツアイスクリームを取り出し、ココナッツムースの工程9、10、14の作業を行います。
＊冷凍庫で7日間保存可能です。

---

# マンゴーのコンフィチュール

**材料**／15個分（作りやすい分量）8g使用
マンゴー（5mm角）……60g
マンゴーのピュレ……130g
マンゴー（セミドライ／5mm角）……20g
パッションフルーツのピュレ……30g
グラニュー糖……10g
ホワイトラム……25g

**作り方**

1　鍋にホワイトラム以外の材料を入れて中火で沸かす。

2　沸いたら弱火にしてとろみがつくまで（Brix 50%）混ぜながら加熱する。

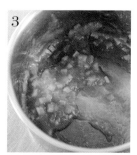

3　ハンドブレンダーで粒が残る程度に撹拌する。

4　ボウルに移し、氷水にあてて冷まし、氷水から出して、ホワイトラムを加えて混ぜる。

memo　冷凍庫で2週間保存可能です。

---

# ココナッツオイルパウダー

**材料**／8〜10皿分（作りやすい分量）1g使用
ココナッツオイル……15g
粉糖……1g
マルトセック……10g

**作り方**

ボウルにココナッツオイルを入れ、粉糖とマルトセックを加えてパラパラとした状態になるまで混ぜる。

memo

＊液体のココナッツオイルが固形になってしまっている場合、500Wの電子レンジで数秒ずつ数回かけて溶かします。
＊冷蔵庫で7日間保存可能です。

# マンゴークリーム

**材料**／8個分（作りやすい分量）30g使用

マンゴーのピュレ……150g
グラニュー糖……2g
板ゼラチン……1.5g

A サワークリーム……30g
　生クリーム（35％／7分立て）
　　……40g
　ココナッツリキュール……4g

memo

冷蔵庫で2日間保存可能です。

**作り方**

鍋にマンゴーのピュレを入れ、中火で煮詰める。

火をとめ、グラニュー糖と水（分量外）で戻した板ゼラチンを加えて混ぜ、氷水にあてて30℃に冷やす。

合わせておいたAを加えてよく混ぜ、ココナッツリキュールを加えて混ぜ、冷蔵庫で3時間冷やしかためる。

冷蔵庫から取り出し、ゴムベラでほぐしてクリーム状にする。

# カダイフ

**材料**／5皿分（作りやすい分量）
10g使用
水……60g
グラニュー糖……60g
バター……30g
カダイフ……50g

**作り方**

鍋に水とグラニュー糖、バターを入れ、中火で沸かしてシロップを作る。

氷水にあててバターがかたまらないように40℃に冷ます。

カダイフを入れてからめ、平らな塊にする。

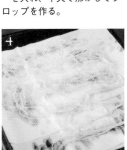

キッチンペーパーの上に広げ、余分なシロップを落とす。

オーブンシートを引いた天板に移し、ダンパーを開けた170℃のオーブンで8分ほど色づくまで焼く。

memo

常温で2日間保存可能です。

# ショコラ・ブランのモールド

材 料／5.5×3.8cmチョコレートモールド（たまご）型8個分
　　　　（作りやすい分量）1個使用
ショコラ・ブラン（36%／粒またはそら豆状）……200g
A　マンゴークリーム（p105参照）……30g
　│　マンゴーのコンフィチュール（p104参照）……8g
カカオバター、チョコレート用色素（赤色／黄色）……各適量

memo

冷蔵庫で5日間保存可能です。

## 準 備

耐熱ボウルにショコラの½量を入れ、500Wの電子レンジに30秒ずつ数回かけて溶かし、ボウルの底から混ぜる。

完全に溶けたら、500Wの電子レンジに30秒ずつかけて46℃まで温度を上げる。

残りのショコラを加え、空気があまり入らないようにしながら、粒がなくなるまで混ぜる（テンパリング完了）。

カカオバターを溶かして型に流し、余分をキッチンペーパーで拭き取り、3を流してゴムベラでならす。

数回軽く作業台にたたきつけて空気を抜く。

型を垂直に持ち上げ、ボウルに余分なショコラを流す。

型を逆さにし、軽くたたいて余分なショコラを落とし、さらに角材2本の上に型を逆さにしておき、余分を落とす。

型からはみ出したショコラをパレットですり切り、18〜23℃で1日結晶化させる。

## 作 り 方

型を逆さにして軽くたたいてショコラをはずし、バーナーで熱したバットにショコラの縁を軽くあてて少し溶かす。

もう1個のショコラを同様に溶かし、2個のショコラを接着する。

バーナーで先端をあたためた口金を底にあて、溶かして小さめの穴を開ける。

3を口金にさして作業台におき、エアブラシでチョコレート用色素（黄色）を吹きかける。

エアブラシでチョコレート用色素（赤色）をマンゴーに見立てて吹きかけ、冷蔵庫で3分冷やしかためる。

絞り袋にAをそれぞれ入れて、3の穴からコンフィチュール→クリームの順に縁まで流し込む。

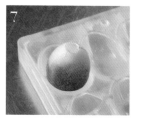
型に立てて冷蔵庫で2時間冷やしかためる。

memo

＊テンパリングの際は、ショコラが溶けたら必ず温度を計り、26℃以下なら、500Wの電子レンジで5秒間隔で加熱し、30℃まで温度を上げます。ただし、残りのショコラを加えたあとは、30℃以上にならないように注意します。
＊エアブラシはグラデーションになるように吹きかけます。刷毛や筆を使って色づけしてもOKです。

# ココナッツムース

**材料**／60個分（作りやすい分量）4個使用

| | |
|---|---|
| ココナッツのピュレ……60g | サワークリーム……18g |
| 卵黄……7.5g | 生クリーム（35％／7分立て）……60g |
| ショコラ・ブラン（36％）……24g | ココナッツアイスクリーム（p104参照）……2個 |
| 板ゼラチン……2.5g | カカオパウダー……200g |
| ココナッツリキュール……7.5g | アーモンド……1個（成形用） |

**作り方**

1 鍋にココナッツピュレを入れ、中火で沸かし、ボウルに溶いた卵黄に少しずつ加えて混ぜる。

2 再び鍋に戻し、中火で混ぜながら82℃まで加熱する。

3 ショコラを湯煎にかけて溶かす。

4 3に2を漉し入れる。

5 氷水（分量外）で戻した板ゼラチンを加え、混ぜて溶かす。

6 ハンドブレンダーで混ぜて乳化させる。

7 氷水にあてて33℃になるまで混ぜながら冷やす。

8 ココナッツリキュール、サワークリーム、生クリームを入れて混ぜ、ムースを作る。

9 ココナッツアイスクリームに爪楊枝をさし、8にくぐらせる。

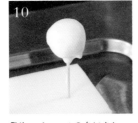

10 発泡スチロールの台にさし、冷凍庫に入れて1時間冷やしかためる。

11 カカオパウダーを保存容器に入れ、爪楊枝にさしたアーモンドでくぼませて型を作る。

12 9の残りのムースを絞り袋に入れ、11に流し、冷凍庫で1時間冷やしかためる。

13 冷凍庫から12を出し、まわりのカカオパウダーをまぶす。

14 ボウルにカカオパウダーを入れ、冷凍庫から取り出した10の爪楊枝をはずして転がし、カカオパウダーをまぶす。

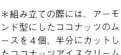

memo

＊組み立ての際には、アーモンド型にしたココナッツのムースを4個、半分にカットしたココナッツアイスクリームを3個使用します（1人分）。ココナッツアイスクリームをコーティングする際に使用するココナッツムースは約5gです。

＊ここでは16×22cm高さ3cmの保存容器にカカオパウダーを入れています。

＊ココナッツムースは冷凍庫で2週間、ココナッツムースにくぐらせたココナッツアイスクリームとカカオパウダーをまぶしたココナッツムースは冷凍庫で7日間保存可能です。

# マンゴーの糖衣がけ

**材料**／8〜10皿分
（作りやすい分量）5g使用
水……10g
グラニュー糖……50g
マンゴー（セミドライ／
　5mm角）……50g

**作り方**

鍋に水とグラニュー糖を入れ、中火で116℃になるまで加熱し、火をとめる。

マンゴーを入れ、再結晶化して白くなり、パラパラの状態なるまで、木ベラで混ぜる。

バットに広げて冷ます。

<u>memo</u>　　保存の際は乾燥剤と一緒に密封容器に入れて常温保存。7日間保存可能です。

---

# マンゴーとフランボワーズのソース

**材料**／8〜10皿分
（作りやすい分量）20g使用
マンゴーのピュレ……60g
フランボワーズのピュレ
　……20g
ココナッツのピュレ……25g
グラニュー糖……15g

**作り方**

鍋にすべての材料を入れ、中火でとろみがつくまで（Brix 50%）加熱する。

ボウルに移し、氷水にあてて冷やす。

<u>memo</u>

冷蔵庫で3日間保存できます。

---

# 〈組み立て〉

**材料**／1人分
マンゴー（帯状に切ったもの）……3切れ
ショコラ・ブランのモールド……1個
マンゴスチン……2個
ココナッツのムース……4個
マンゴーの糖衣がけ……5g
マンゴーとフランボワーズのソース……20g
カダイフ……10g

生クリーム（35%／9分立て）……10g
ココナッツオイルパウダー……1g
ココナッツアイスクリーム
　（ココナッツムースとカカオパウダーをコーディングして半分に切ったもの、
　p107参照）……3個
ピスタチオ（乱切り／みじん切り）、ミントの葉、
　ヤロウの葉、マリーゴールドの花びら……各適量

ショコラ・ブランのモールド

ミントの葉

ヤロウの葉

カダイフ

ココナッツオイルパウダー

マンゴーとフランボワーズのソース

マンゴー

ココナッツアイスクリーム

マリーゴールドの花びら

乱切りにしたピスタチオ

みじん切りにしたピスタチオ

マンゴスチン

ココナッツのムース、
横にマンゴーとフランボワーズのソース

生クリーム

マンゴーの糖衣がけ

**組み立て方／器：平大皿（直径30.5cm）**

マンゴーを丸めてそれぞれ形を作り、皿に立て、ショコラ・ブランのモールドをおく。

皮をむいたマンゴスチンをおき、ココナッツのムースをのせる。

乱切りにしたピスタチオをおき、みじん切りにしたピスタチオを弧を描くようにふる。

マンゴーの糖衣がけをのせる。

マンゴーとフランボワーズのソースで点を描き、カダイフをのせる。

ミントの葉を飾り、丸口金の絞り袋で生クリームを絞る。

ヤロウの葉を飾り、ココナッツオイルパウダーをふる。

マリーゴールドの花びらを飾り、ココナッツアイスクリームをおく。

109

# Combinaison de raisin et lait fermenté

## ぶどうと発酵乳のコンビネゾン

ぶどうのコンポート、はちみつのムース、発酵乳のクリーム、発酵乳のチュイール、
ミードのサバイヨン、パン・オ・ミエルのシロップ漬け、干しぶどうの白ワイン漬け etc.

ぶどうと発酵をキーワードに、関連する素材を選んで作りました。
はちみつを練り込んだパンをスパイスのきいたシロップに漬け、
はちみつのムースやぶどうのコンポート、干しぶどうの白ワイン漬けなどと組み合わせています。
デセール自体のおいしさはもちろん、組み合わせのおもしろさも味わえる一皿です。

# はちみつのムース

**材 料** ／12×12cm高さ5cmの角型1台分（作りやすい分量）
1×8cm1本使用
牛乳……45g
はちみつ……25g
卵黄……18g
板ゼラチン……2g
ショコラ・ブラン（36%）……30g
生クリーム（35%／7分立て）……107.5g

**作 り 方**　＊写真は2倍量です

<u>memo</u>

冷凍庫で3日間保存可能です。

1 鍋に牛乳とはちみつを入れ、中火にかけて沸かす。

2 ボウルに卵黄を入れて溶き、1を少しずつ加えて混ぜる。

3 鍋に2を戻し、中火で混ぜながら82℃まで加熱する。

4 火をとめて氷水（分量外）で戻した板ゼラチンを加えて混ぜ、ボウルに漉し入れる。

5 別のボウルにショコラを入れて湯煎で溶かし、4を加え、ハンドブレンダーで混ぜて乳化させる。

6 氷水にあてて32℃まで冷やす。

7 生クリームを加えて混ぜ、12×12cmの型に1cmの高さに流し込み、平らにならす。

8 冷凍庫で2時間冷やしかため、冷凍庫から出して型をはずし、1×8cmの帯状に切る。

# 干しぶどうの白ワイン漬け

**材 料** ／5皿分（作りやすい分量）6粒使用
A　干しぶどう……50g
　│　バニラビーンズ……⅓本分
　│　レモン（厚さ1cmのスライス）……1枚
白ワイン……50g

**作 り 方**
消毒した清潔な容器にAを入れ、白ワインを加え、冷蔵庫で3日以上寝かせる。

<u>memo</u>

冷蔵庫で7日間保存できます。

## ぶどうのコンポート

**材 料**／5皿分（作りやすい分量）2粒使用
ぶどう（種なし／湯むきしたもの）……10粒
水……100g
白ワイン……100g
グラニュー糖……30g
オレンジ（厚さ1cmのスライス）……1枚

**作 り 方**
鍋にすべての材料を入れ、中火で沸かして火をとめ、
ラップをかけて冷蔵庫で1日寝かせる。

memo

＊ぶどうは巨峰やナガノパープルなど、皮の赤いものを用意します。
＊冷蔵庫で5日間保存可能です。

## シガール

**材 料**／直径2.7cm高さ5cmのセルクル20個分（作りやすい分量）2個使用
卵白……55g　　薄力粉……54g
粉糖……90g　　バター……54g

**作 り 方**

1 ボウルに卵白と粉糖を入れて混ぜる。

2 ふるっておいた薄力粉を入れて混ぜ、溶かしたバターを加えて混ぜて乳化させる。

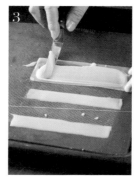

3 2×13cmの長方形の型を作り、シルパットを敷いた天板におき、2をのせてパレットでのばし、すり切る。

4 ダンパーを開けた160℃のオーブンで10分ほど焼き色がつくまで焼き、熱いうちにシルパットからはがす。

5 セルクルに巻きつけ、筒状にする。

memo

＊長方形の型は、プラスチック素材のシートなどかたさのあるもので、四方1.5cmほどの余裕をもって作ります。
＊保存の際は乾燥剤と一緒に密封容器に入れて常温保存。5日間保存可能です。

# 発酵乳

**材料**／25皿分
（作りやすい分量）145g使用
牛乳……100g
グラニュー糖……100g
水きりヨーグルト……25g
A　クエン酸……0.6g
　│　乳酸菌……8g

**作り方**　＊写真は2倍量です

鍋に牛乳とグラニュー糖を入れ、中火にかけて混ぜながら70℃まで加熱する。

ボウルに移し、氷水にあてて混ぜながら45℃まで冷ます。

氷水から出し、ヨーグルトをほぐして加え、合わせたAを加え静かに混ぜ、清潔な密閉容器に入れ、冷蔵庫で4日寝かせる。

<u>memo</u>　冷蔵庫で3日間保存可能です。

---

# 発酵乳のチュイール

**材料**／10皿分（作りやすい分量）直径2.8cm 3枚使用
発酵乳（上記参照）……50g　　A　コーンスターチ……2.5g
牛乳……10g　　　　　　　　　│　グラニュー糖……1.5g

**作り方**　＊写真は2倍量です

鍋に発酵乳と牛乳を入れ、中火にかける。

ボウルにAを入れてすり混ぜる。

2に1を少し加えて混ぜる。

鍋に3を戻し、中火にかけ、とろみがつくまで加熱する。

シルパットにパレットで薄くのばし、天板にのせ、ダンパーを開けた100℃のオーブンで10分焼いて表面を乾かす。

直径2.8cmのセルクルで型押しし、ダンパーを開けた100℃のオーブンで2〜3時間乾燥させる。

オーブンから出してすぐにシルパットをはずす。

<u>memo</u>

＊保存の際は乾燥剤と一緒に密封容器に入れて常温保存。3日間保存可能です。

# 発酵乳のクリーム

作り方　＊写真は2倍量です

**材料**／10皿分（作りやすい分量）

15g使用

クリームチーズ……35g

A　水きりヨーグルト……10g
　│　グラニュー糖……8g

生クリーム（35%）……52.5g

発酵乳（p113参照）……22.5g

ボウルにクリームチーズを入れ、ダマがなくなるまで混ぜる。

Aを加えて混ぜ、生クリームを少しずつ加えてその都度力強く泡立て、さらにつのが立つ程度に泡立てる。

発酵乳を加えてなじませる。

memo　＊カルピス液で代用してもOKです。
　　　＊冷蔵庫で1日保存可能です。

---

# パン・オ・ミエル

**材料**／80皿分（作りやすい分量）150g使用

A　ドライイースト……0.75g
　│　三温糖……1.5g
　│　ぬるま湯（40℃）……15g

強力粉（ふるったもの）……80g

B　塩……1.5g
　│　はちみつ……13g

C　生クリーム……20g
　│　牛乳……25g
　│　卵黄……52.5g

発酵バター……13.8g

memo

＊p146の三温糖、バターの代わりに、それぞれはちみつ、発酵バターを用意します。
＊焼いた後は冷蔵庫で3日保存可能です。

作り方　＊写真は4倍量です

p146のパン・ペルデュ1〜6を参照し、生地を作る。

打ち粉（分量外）をした作業台にのせ、1個165gに4等分して丸める。

天板にのせ、濡れふきんをかけて28℃の室温で2時間発酵させる。

打ち粉（分量外）をした作業台にのせ、麺棒でのばしながら空気をぬき、手前から奥に向かって巻き、丸くまとめる。

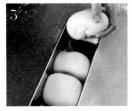

残りの生地も同様に作業し、閉じ目をしっかり閉じて、サラダ油（分量外）を薄く塗った型に並べる。

霧吹きで水（分量外）をかけ、28℃の室温で1〜2時間発酵させる。

天板にのせ、オーブンシートをかぶせ、さらに上から天板をのせる。

ダンパーを閉じた180℃のオーブンで色づくまで20分ほど焼き、オーブンから出して型をはずし、粗熱を取る。

## パン・オ・ミエルのシロップ漬け

**材料／20皿分（作りやすい分量）4個使用**
パン・オ・ミエル（p114参照）
　……150g
水……125g
ヴェルジョワーズ（てんさい糖）
　……25g
スターアニス……½個
シナモン……¼本
クローブ……½個
ピンクペッパー（つぶしたもの）
　……3粒分

memo
＊中心がやわらかい状態で表面が乾いたら、オーブンから取り出します。
＊冷蔵庫で3日間保存可能です。

**作り方**

1
パン・オ・ミエルを1cm角に切る。

2
鍋にパン以外の材料を入れ、中火にかけて沸いたら、火をとめ、ラップをして1時間蒸らす。

3
天板に1をのせて広げ、2を漉し入れ、パン・オ・ミエルを10分ほど漬け込む。

4
天板にオーブンシートを敷いて並べ、ダンパーを開けた100℃のオーブンで1時間ほど表面が乾くまで乾燥させる。

## ミードのサバイヨン

**作り方**

**材料／8皿分**
（作りやすい分量）10g使用
卵黄……20g
グラニュー糖……25g
ミード（はちみつ酒）……30g
レモン果汁……8g

1
鍋にすべての材料を入れて混ぜる。

2
中火にかけて混ぜながら82℃まで加熱する。

3
ミキサーボウルに漉し入れ、ミキサー（高速）で白くなるまで泡立てる。

memo　＊ミキサーはホイッパーをつけて使います。
　　　＊冷蔵庫で1日保存可能です。

## 〈組み立て〉

**材料／1人分**
はちみつのムース……1×8cm1本
シガール……2個
発酵乳のクリーム……15g
干しぶどうの白ワイン漬け……6粒
ぶどうのコンポート……2粒
ミードのサバイヨン……10g
パン・オ・ミエルのシロップ漬け……4個
シャインマスカット（厚さ2mmのスライス）……2粒分
ぶどう（種なし／厚さ2mmのスライス）……2粒分
発酵乳のチュイール……3枚
アマランサスの葉……適量

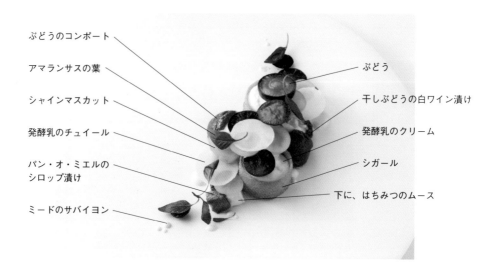

ぶどうのコンポート

アマランサスの葉

シャインマスカット

発酵乳のチュイール

パン・オ・ミエルの
シロップ漬け

ミードのサバイヨン

ぶどう

干しぶどうの白ワイン漬け

発酵乳のクリーム

シガール

下に、はちみつのムース

**組 み 立 て 方 ／ 器：平大皿（直径30.5cm）**

皿にはちみつのムースを少し
くねらせてのせる。

シガールを1に沿わせるよう
におく。

丸口金の絞り袋に、発酵乳の
クリームを入れ、シガールの
中に絞る。

干しぶどうの白ワイン漬けを
のせ、ぶどうのコンポートを
おく。

ミードのサバイヨンをかけ、
皿に点を描く。

パン・オ・ミエルのシロップ
漬けをおく。

シャインマスカットとぶどう
を重ねてのせる。

発酵乳のチュイールをのせ、
アマランサスの葉を飾る。

# Fondant au chocolat, parfumé à la lavande

## フォンダン・ショコラ　ラベンダーの香り

ラベンダー風味のフォンダン・ショコラ、ラベンダーのアイスクリーム、
ラベンダー風味のショコラのムース、ショコラとカフェのクランブル、カシスソース etc.

香りはあたたかいほど際立つもの。フォンダン・ショコラにラベンダーを加え、
ショコラが溶け出る瞬間にラベンダーが香り立つ、より魅力的なデセールに仕立てました。
ラベンダーの美しい色にインスピレーションを得て、
マロウブルーのメレンゲとカシスのソースで鮮やかな差し色を加えて組み立てています。

## ラベンダーエキス

**材料**／50皿分（作りやすい分量）1g使用
ラベンダー（乾燥）……2.5g
ウォッカ……40g

**作り方**
煮沸消毒した密封容器にすべての材料を入れて混ぜ、
ふたをして冷暗所で1か月漬け込んで香りをつける。

## ラベンダー風味のガナッシュ

**材料**／15皿分（作りやすい分量）40g使用
ラベンダー（乾燥）……3g　　ショコラ・ノワール（72%）……70g
生クリーム（35%）……75g　　ショコラ・オ・レ（40%）……17g
トレモリン（転化糖）……4g　　ラベンダーエキス（上記参照）……8g

**作り方**

鍋にラベンダーと生クリーム
を入れ、中火で沸かす。

火からおろしてハンドブレン
ダーでラベンダーを砕き、ラ
ップをかけ、1時間漬ける。

別の鍋に漉し入れて絞り出し、
トレモリンを加えて計量し、
75gになるよう生クリーム（分
量外）を加えて調節する。

3を中火であたためる。

ボウルに2つのショコラを入
れ、湯煎にかけて混ぜながら
溶かす。

5に4を加えて混ぜ、ハンド
ブレンダーにかけて乳化し、
常温で35℃以下に冷ます。

ラベンダーエキスを加えて混
ぜる。

## ラベンダーシュガー

**材料**／10皿分（作りやすい分量）23g使用
グラニュー糖……50g
ラベンダー（乾燥）……5g

**作り方**
ミキサーボウルにすべての材料を入れ、フードプロセッサー
（高速）で粉砕し、ボウルに漉し入れて大きな粒を取り除く。

# ラベンダー風味のフォンダン・ショコラ

**材料** ／直径5.5cm高さ4cmのセルクル2個分（作りやすい分量）1個使用

| | |
|---|---|
| 薄力粉……8g | ラベンダー風味のガナッシュ |
| 全卵……27g | （p118参照）……40g |
| グラニュー糖……18g | バター……28g |

（p118参照）

memo

焼きたてを盛りつけます。保存不可。

**作り方**

ボウルにふるった薄力粉と全卵、グラニュー糖を入れてすり混ぜ、ラベンダー風味のガナッシュを加えて混ぜる。

湯煎にかけて溶かしたバターを加えて混ぜる。

オーブンシートを内側に巻き、シルパットを敷いた天板に並べた、直径5.5cmのセルクルの4cmの高さまで2を流す。

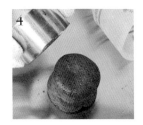

ダンパーを閉めた180℃のオーブンで5分焼き、オーブンから取り出してセルクルとオーブンシートをはずす。

# ラベンダーのアイスクリーム

**材料** ／25皿分（作りやすい分量）15g使用

| | |
|---|---|
| A 牛乳……124g | 卵黄……50g |
| ラベンダー（乾燥）……1g | グラニュー糖……40g |
| 生クリーム（35%）……124g | オレンジ・コンサントレ……40g |
| はちみつ（ラベンダー）……50g | |

**作り方**

鍋にAを入れ、中火で沸かし、ハンドブレンダーでラベンダーを砕き、ラップをかけて冷蔵庫で1時間浸ける。

生クリームとはちみつを加え、中火で沸かす。

ボウルに卵黄とグラニュー糖を入れてすり混ぜ、2を少しずつ加えてのばす。

鍋に戻し、中火で混ぜながら82℃になるまで加熱する。

別のボウルに漉し入れ、氷水にあてて10℃以下に混ぜながら冷やす。

オレンジ・コンサントレを加え、ハンドブレンダーでよく混ぜる。

アイスクリームマシンにかけ、空気を含んで白っぽくなり、マシンの羽にくっつく程度のかたさになったらとめる。

memo

＊アイスクリーム液の空気の含みがあまいと、かたい仕上がりになってしまうので注意します。
＊冷凍庫で2週間保存可能です。

## ラベンダーとマロウブルーのメレンゲ

材料／30×30cm 1枚分（作りやすい分量） ひと口大4枚使用

A 卵白……70g　　　　　　トレハロース……40g
　 マロウブルー（乾燥）……2g　コーンスターチ……5.2g
ラベンダーシュガー(p118参照)……23g

**作り方**

ボウルにAを入れて混ぜ、冷蔵庫でマロウブルーの鮮やかな色が出るまで30分～1時間浸ける。

ミキサーボウルに漉し入れてよく絞り、計量して72gにたりないようなら卵白（分量外）を加え、72gにする。

ラベンダーシュガーとトレハロースを加えて混ぜ、ミキサー（高速）でしっかりとつのが立つまで泡立てる。

コーンスターチを加え、ゴムベラでよく混ぜる。

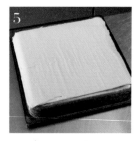

オーブンシートを敷いた板の上に厚さ2mm、30cm四方にのばし、天板を裏返してのせる。

ダンパーを開けた100℃のオーブンで1.5～2時間焼き、ひと口大に割る。

### memo

＊ミキサーはホイッパーをつけて使います。
＊焼く際は、オーブンシートの4隅に生地を接着剤代わりに少し塗って貼りつけると、焼いている最中に出るオーブンの風を受けてオーブンシートごと生地がずれることがありません。
＊保存の際は乾燥剤と一緒に密封容器に入れて常温保存。5日間保存可能です。

## ラベンダー風味のショコラのムース

材料／直径4.5cmシリコン半球型20個分（作りやすい分量） 2個使用

A ラベンダー（乾燥）……1g　　B ショコラ・オ・レ（42%）……71g
　 牛乳……50g　　　　　　　　　 ショコラ・ノワール（72%）……10g
板ゼラチン……1.6g　　　　　　生クリーム（35%／8分立て）……112g

**作り方**

鍋にAを入れ、中火で沸かし、火からおろしてハンドブレンダーで攪拌し、ラップをかけて冷蔵庫で1時間寝かせる。

ボウルに漉し入れ、再び鍋に戻して中火で沸かし、氷水（分量外）で戻した板ゼラチンを加えて溶かす。

ボウルにBを入れ、湯煎にかけて溶かし、2を加えて混ぜ、さらにハンドブレンダーにかけて乳化させる。

氷水にあてて30℃になるまで冷やす。

生クリーム½量を加えて混ぜ、混ざったら残りを加えてよく混ぜる。

絞り袋に入れ、半球型の½の高さまで絞り、冷凍庫で3時間冷やしかためる。

memo

冷凍庫で2週間保存可能です。

---

# ショコラとカフェのクランブル

**材料**／15皿分（作りやすい分量）20g使用

バター……140g
塩……1g
トレハロース……75g
ショコラ・ノワール（68%）……17.5g

生クリーム（35%）……25g
牛乳……13.5g
卵黄……5g
インスタントコーヒー……2.5g

A 薄力粉……125g
　強力粉……85g
　カカオパウダー……41g
カカオバター……焼成後の生地の⅓量

**準備**

1
ミキサーボウルにバターと塩を入れ、ミキサー（中速）でクリーム状になるまで混ぜ、トレハロースを加えて混ぜる。

2
ボウルにショコラを入れ、湯煎にかけて溶かす。

3
2に沸かした生クリームを加え、混ぜて乳化させる。

4
3に牛乳を加えて混ぜ、さらに卵黄とインスタントコーヒーを加えて混ぜ、35℃以下にする。

5
1に4を少しずつ加え、混ぜて乳化させる。

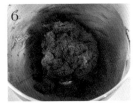

6
合わせてふるったAを加え、粉気がなくなるまで混ぜ、ひとまとめにして冷蔵庫で1日寝かせる。

**作り方**

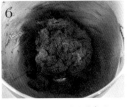

1
冷蔵庫から取り出し、目の粗いふるいにかけて天板に押し出し広げる。

2
冷蔵庫に入れ、表面がかたくなるまで30分冷やす。

3
ダンパーを開けた160℃のオーブンで均一に色づくように20〜30分焼く。

4
3をボウルに移し、カカオバターを500Wの電子レンジに10〜15秒ずつ数回かけて溶かして加え混ぜる。

5
オーブンシートを敷いた天板に広げ、冷蔵庫で1時間冷やしかためる。

memo

＊ミキサーはビーターをつけて使います。
＊カカオバターは、生地の焼成後に計量します。カカオバターをからめると油脂分の膜ができ、あとで冷やして使う時に生地が湿気にくくなります。
＊焼く前の生地は冷凍庫で3週間、焼いた後の生地は乾燥剤と一緒に密封容器に入れて常温で5日間保存可能です。

121

# カシスソース

材料／10皿分（作りやすい分量）20g使用
グラニュー糖……20g
コーンスターチ……4g
カシスのピュレ……200g

memo

冷蔵庫で3日間保存できます。

## 作り方

1 ボウルにグラニュー糖とコーンスターチを入れ、カシスのピュレ40gを加えて混ぜる。

2 鍋に残りのカシスのピュレを入れて混ぜ、中火で沸いたら1を加え、完全に沸くまで混ぜながら加熱する。

3 ボウルに移し、氷水にあてて混ぜながら冷やす。

# カカオのチュイール

材料／30×30cm 1枚分（作りやすい分量）
ひと口大2枚使用
カカオパウダー……52.5g　バター……5g
グラニュー糖……40g　水あめ……25g
水……60g

memo

焼く前の生地は冷凍庫で3週間、
焼いた後の生地は乾燥剤と一緒に
密閉容器に入れて常温で1日保存可能です。

## 作り方

1 ボウルにカカオパウダーとグラニュー糖を入れて混ぜ、水を少しずつ加えてダマがなくなるまで混ぜる。

2 耐熱ボウルにバターと水あめを入れ、500Wの電子レンジに30秒ずつ数回かけ、混ぜながら溶かす。

3 2を1に加えて混ぜ、さらにハンドブレンダーにかけて混ぜる。

4 ボウルの上においた網にのせ、少しずつ裏漉しする。

5 板にのせたシルパットに薄く塗り、天板にのせてダンパーを開けた150℃のオーブンで8〜10分焼く。

6 熱いうちにシルパットをはがし、ひと口大に割る。

# 〈組み立て〉

**材料** ／1人分
カシスソース……20g
ショコラとカフェのクランブル……20g
生クリーム（35%／9分立て）……8g
ラベンダー風味のショコラのムース……2個
ラベンダーのアイスクリーム……15g

ラベンダーとマロウブルーのメレンゲ……ひと口大4枚
ラベンダー風味のフォンダン・ショコラ……1個
カカオのチュイール……ひと口大2枚
アマランサスの葉、ラベンダーシュガー……各適量

ラベンダー風味の
フォンダン・ショコラ
横にラベンダーのアイスクリーム

ラベンダーと
マロウブルーのメレンゲ

ラベンダーシュガー

アマランサスの葉

カカオのチュイール

ラベンダー風味の
ショコラのムース

ショコラとカフェのクランブル

生クリーム

カシスソース

**組み立て方** ／器：平大皿（直径30.5cm）

1 カシスソースをスプーンに取り、皿に模様を描く。

2 ショコラとカフェのクランブルをちらし、生クリームをクネルしてのせる。

3 ショコラのムースをおき、アイスクリームをクネルしてのせ、メレンゲを飾る。

4 フォンダン・ショコラをおき、チュイール、アマランサスを飾り、ラベンダーシュガーをふる。

# Soupe froide de tomates et oranges

## トマトとオレンジの冷製スープ

トマトとオレンジの冷製スープ、ヨーグルトのアイスクリーム、ミントのソルベ、
トマトとフランボワーズのソース、はちみつとオリーブオイルのソース etc.

トマトとオレンジをスープに仕立て、ヨーグルトのアイスクリームとミントのソルベを重ねました。
口にした途端、ヨーグルトとミントのさわやかな味わいが広がり、
追いかけるようにしてトマトとオレンジの酸味と甘さがやってきます。
きりりと冷えている分、おいしさがストレートに伝わります。

# トマトとオレンジの冷製スープ

**材料**／10皿分（作りやすい分量）35g使用
トマト（湯むきして2cm角に切ったもの）……150g
オレンジ果肉（房から取り出して半分に切ったもの）……75g
パッションシード……40g
三温糖……65g

レモン果汁……2g
ジン……3g
アニスパウダー……適量

**作り方**

鍋にトマトとオレンジ果肉、パッションシード入れて中火で沸かす。

三温糖を加えて中火にかけ、沸いたら弱火にして混ぜながら⅔量になるまで煮る。

氷水にあて、30℃以下になるまで混ぜながら冷やし、レモン果汁、ジン、アニスパウダーで味を調える。

memo

冷蔵庫で3日間保存可能です。

---

# トマトとフランボワーズのソース

**材料**／10皿分（作りやすい分量）5g使用
トマト（湯むきしてざく切りにしたもの）……31.5g
フランボワーズ（冷凍可）……31.5g

三温糖……7.5g
ライチリキュール……12.5g

**作り方**

鍋にトマトとフランボワーズ、三温糖を入れて中火にかけ、沸いたら弱火にし、つぶしながら再び沸くまで加熱する。

火からおろしてハンドブレンダーで撹拌し、ボウルに漉し入れる。

粗熱を取り、ライチリキュールを加えて混ぜる。

memo

冷蔵庫で3日間保存可能です。

---

# しょうがの泡

**材料**／10皿分（作りやすい分量）大さじ1使用
A　しょうが（皮つき）……33.3g
　　水……66.7g
　　グラニュー糖……66.7g
　　クローブ、シナモンパウダー
　　……各少々

B　レモン果汁……37.5g
　│　大豆レシチンパウダー……3g

memo

泡立てる前の液体は、冷凍庫で2週間保存可能。泡立てたあとはすぐにしぼんでしまうので、手早く盛りつけます。

**作り方**
ボウルにAを入れて混ぜ、鍋に漉し入れて中火で沸かす。
別のボウルに移してBを加え、ハンドブレンダーで泡立てる。

# ヨーグルトのアイスクリーム

**材 料**／直径8cm厚さ0.8cm 6枚分（作りやすい分量）1枚使用
プレーンヨーグルト……333g　　グラニュー糖……56.7g
水きりヨーグルト……100g　　はちみつ……30g

## 作 り 方

ボウルにすべての材料を入れ、水きりヨーグルトがほぐれる程度に混ぜる。

アイスクリームマシンにかけ、空気を含んで白っぽくなり、マシンの羽にくっつく程度のかたさになったらとめる。

OPPシートを敷いた板に2をのせ、シートをもう1枚かけてはさみ、麺棒で厚さ0.8cmにのばす。

冷凍庫で3時間冷やしかため、冷蔵庫から出し、直径8cmのセルクルでくりぬく。

**memo**　　＊すべての材料を混ぜて10℃を超えていたら、氷水にあてて10℃以下に冷やします。
　　　　　＊アイスクリーム液の空気の含みがあまいと、かたい仕上がりになってしまうので注意します。
　　　　　＊0.8cmの角材を両サイドにおくと均等の厚さにのばしやすくなります。
　　　　　＊冷凍庫で2週間保存可能です。

# ミントのソルベ

**材 料**／15皿分（作りやすい分量）15g使用
水……260g　　　　A｜グラニュー糖……66g　　　ジン……4g
スペアミント……3g　　｜シークワーサー果汁……6g
　　　　　　　　　　　｜レモン果汁……6g

## 作 り 方

鍋に水を入れて中火で沸かし、刻んだミントを加えてラップをかけ、半日蒸らす。

ボウルに漉し入れ、Aを加えて混ぜ、氷水にあてて混ぜながら10℃以下に冷やす。

アイスクリームマシンにかけ、空気を含んで白っぽくなり、マシンの羽にくっつく程度のかたさになったらとめる。

**memo**

＊アイスクリーム液の空気の含みがあまいと、かたい仕上がりになってしまうので注意します。
＊冷凍庫で2週間保存可能です。

# 〈組み立て〉

**材 料**／1人分
クレーム・パティシエール（p10参照）……35g　　トマトとオレンジの冷製スープ……35g
フロマージュ・クリュ（p27参照）……6g 2個　　はちみつとオリーブオイルのソース（p36参照）……5g
マスカット（厚さ2mmスライス）……1粒分　　クランベリーの糖衣がけ（p29参照）……3g
ミニトマト（厚さ2mmスライス）……3枚　　ヨーグルトのアイスクリーム……1枚
シークワーサー（厚さ2mmスライス）……2枚　　ミントのソルベ……15g
ヨーグルトソース（p45参照）……3g　　しょうがの泡……大さじ1
トマトとフランボワーズのソース……5g　　マリーゴールドの花びら、ペチュニア……各適量

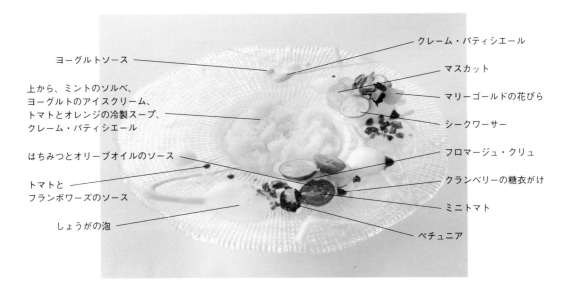

ヨーグルトソース

クレーム・パティシエール

上から、ミントのソルベ、
ヨーグルトのアイスクリーム、
トマトとオレンジの冷製スープ、
クレーム・パティシエール

マスカット

マリーゴールドの花びら

シークワーサー

はちみつとオリーブオイルのソース

フロマージュ・クリュ

トマトと
フランボワーズのソース

クランベリーの糖衣がけ

ミニトマト

しょうがの泡

ペチュニア

**組み立て方**／器：ワイドリムプレート（直径24.5cm、中央直径8cm、深さ3.5cm）

クレーム・パティシエールを
20gと15gにわけ、15gのク
レーム・パティシエールで皿
にラインを描く。

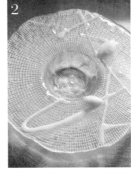

フロマージュ・クリュをクネ
ルして2個のせる。

マスカット、ミニトマト、シ
ークワーサーを順にのせ、マ
リーゴールドの花びら、ペチ
ュニアを飾る。

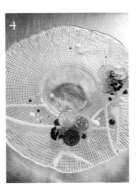

ヨーグルトソース、トマトと
フランボワーズのソースをそ
れぞれスプーンに取り、点を
描く。

中央にクレーム・パティシエ
ール20g、トマトとオレンジ
の冷製スープを順にのせ、は
ちみつとオリーブオイルのソ
ースを皿全体にかける。

クランベリーの糖衣がけをふ
り、アイスクリームを4つに
切って皿の中央にのせ、ソル
ベを重ね、しょうがの泡を飾
る。

127

# Sorbet au citron et glace à la praline

## レモンのソルベとプラリネのアイスクリーム

レモンのソルベ、プラリネのアイスクリーム、バナナと栗のキャラメルソテー、
レモングラスのムース、マスカルポーネチーズのクリーム、赤ワインのソース etc.

レモンのさわやかな酸味と、ナッツの香ばしさやほろ苦さ。
それぞれの持ち味を活かしながら、二つの風味を幾重にも対比させ、一つのデセールに。
ダックワーズを器にドーム状のフォルムに組み立てて面白さを演出し、
同時に赤ワインのソースを添えて、大人の味わいと雰囲気をまとわせてみました。

# レモンのコンポート

作り方　＊写真は2倍量です

1　鍋に水（分量外）を入れ、強火にかけて沸かし、レモンの皮を入れてゆでこぼし、網にあげて水気をきる。

2　別の鍋に水、グラニュー糖、1を入れ、弱火にかけてシロップを作り、レモンの皮を加えてやわらかく透明になるまで煮る。

3　ざるにあげてシロップをきり、フードプロセッサー（高速）で細かくペースト状にする。

**材料**／13皿分
（作りやすい分量）225g使用
レモンの皮（国産／
　厚さ2～3mmのスライス）
　……2.5個分
水……250g
グラニュー糖……125g

memo
　＊レモンを皮と果肉に分けたら、2.5個分の果汁はレモンのソルベを作る時に使用します。
　＊レモンの風味を活かすため、ゆでこぼすのは1回にとどめ、ゆで汁は捨てます。
　＊煮ていると水が減ってくるので、途中、水をたしながら加熱します。
　＊フードプロセッサーを使わず、包丁で細かくみじん切りにしてもOKです。
　＊冷凍庫2週間保存可能です。

---

# レモンのソルベ

**材料**／20皿分（作りやすい分量）20個使用
水……250g
グラニュー糖……112g
レモンのコンポート（上記参照）……225g
レモン果汁……140g
オレンジ・コンサントレ……60g

memo

＊ソルベ液の空気の含みがあまいと、かたい仕上がりになってしまうので注意します。
＊1.5cmの角材を両サイドにおくと均等の厚さにのばしやすくなります。
＊冷凍庫で2週間保存可能です。

作り方

1　ボウルに水とグラニュー糖を入れて混ぜ、その他の材料を加えて混ぜ、氷水にあてて10℃以下に冷ます。

2　アイスクリームマシンにかけ、空気を含んで白っぽくなり、マシンの羽にくっつく程度のかたさになったらとめる。

3　OPPシートを敷いた板の上に2をのせ、シートをもう1枚かけてはさみ、麺棒で1.5cmの厚さにのばす。

4　冷凍庫で3時間冷やしかため、カットしやすいサイズに切りわけ、1.5cm角に切る。

---

# マスカルポーネチーズのクリーム

**材料**／8皿分（作りやすい分量）15g使用
マスカルポーネチーズ……80g　　メープルシロップ……20g
牛乳……20g　　ラム酒……4g

作り方
ボウルにすべての材料を入れて混ぜ、泡立て器でとろみがつくまで泡立てる。

memo

冷蔵庫で1日保存可能です。

# ヘーゼルナッツのプラリネ

**材料** ／10皿分（作りやすい分量）10g使用
ヘーゼルナッツ（皮つき）……50g
水……15g
グラニュー糖……75g

**作り方** ＊写真は2倍量です

ヘーゼルナッツをダンパーを開けた170℃のオーブンで茶色く色づくまで焼く。

オーブンから取り出し、ざるに移して転がしながら皮をむく。

鍋に水、グラニュー糖を入れ、中火で116℃まで加熱し、シロップを作る。

火をとめて2を入れ、木ベラで底からゆっくり混ぜ、表面にシロップをまとわせながら、シロップを再結晶化させる。

再び中火にかけ、混ぜながら煮立て、途中でこげないように弱火にし、濃いキャラメル色になるまで加熱する。

シルパットを敷いた天板に、ナッツが重ならないように広げ、常温で冷ます。

フードプロセッサーに割り入れ、高速で粗めに砕く。

memo

＊焼いたあとのヘーゼルナッツはとても熱いので、少し冷ましてから皮をむきます。
＊ヘーゼルナッツの皮を早くむくことができるため、ざるを使っていますが、手でむいてもOKです。
＊使わない分は、乾燥剤と一緒に保存容器などに入れて保存します。常温で7日間保存可能です。

# クレーム・アングレーズ

**材料** ／550g（作りやすい分量）全量使用
牛乳……386.7g
グラニュー糖……66.7g
卵黄……106.7g

memo

冷蔵庫で2日間保存可能です。

**作り方**

鍋に牛乳とグラニュー糖の½量を入れ、中火で沸騰直前まで沸かす。

ボウルに卵黄と残りのグラニュー糖を入れてすり混ぜ、かたまらないように1を少しずつ加えて混ぜる。

2を鍋に入れ、弱火～中火で82℃になってとろみがつくまで混ぜながら加熱する。

ボウルに漉し入れ、氷水にあて、膜がはらないように時折かき混ぜながら冷ます。

# プラリネのアイスクリーム

**材料**／35皿分（作りやすい分量）25g使用
グラニュー糖……48g　　生クリーム（35%）……153g
水あめ……64g　　　　A　クレーム・アングレーズ（p130参照）……550g
塩……1.3g　　　　　　｜　ヘーゼルナッツのプラリネ……83.3g

**作り方**

鍋にグラニュー糖、水あめ、塩を入れ、中火で濃いキャラメル色になるまで加熱する。

別の鍋に生クリームを入れ、中火で沸騰直前まであたためる。

1が濃いキャラメル色に色づいたら火をとめ、2を少しずつ加えて混ぜる。

中火で106℃になるまで混ぜながら加熱する。

ボウルに移し、氷水にあてて混ぜながら10℃以下に冷ます。

Aを加え、ハンドブレンダーでよく混ぜる。

アイスクリームマシンにかけ、空気を含んで白っぽくなり、マシンの羽にくっつく程度のかたさになったらとめる。

memo

＊アイスクリーム液の空気の含みがあまいと、かたい仕上がりになってしまうので注意します。
＊冷凍庫で2週間保存可能です。

---

# 赤ワインのソース

**材料**／30皿分（作りやすい分量）12g使用
赤ワイン……100g
グラニュー糖……50g
オレンジ（厚さ1cmのスライス）……1枚
シナモンスティック……¼本
バニラビーンズ……⅛本分
スターアニス……½個
クローブ……1個

**作り方**

鍋にすべての材料を入れ、中火で時折混ぜながら½量ほどに減ってとろみがつくまで煮る。

氷水にあて、混ぜながら冷やす。

memo　　冷蔵庫で7日間保存可能です。

# レモングラスのムース

材料／直径5cm高さ2cmのセルクル12個分（作りやすい分量）1個使用

A 牛乳……132g
　生クリーム（35%）……100g
　グラニュー糖……32.5g
レモングラス（乾燥）……3.0g

卵黄……46g
はちみつ……46g
板ゼラチン……3.6g

作り方

鍋にAを入れ、中火で沸して火をとめ、レモングラスを加え、ラップをかけて5分蒸らす。

ボウルに卵黄とはちみつを入れて混ぜ、1を再び沸騰直前まで沸かして½量を加えて混ぜる。

2を鍋に戻し、弱火で82℃になるまで加熱する。

ボウルに漉し入れ、ゴムベラでしっかり押さえて漉し出す。

水（分量外）で戻したゼラチンを加え、混ぜながら溶かす。

氷水にあて、10℃以下に冷やす。

OPPシートを敷いた天板に直径5cmのセルクルを並べ、6を1cmの高さまで流し、冷凍庫で3時間冷やしかためる。

memo

冷凍庫で2週間保存可能です。

# ダックワーズ

材料／直径4cmシリコン半球型12個分（作りやすい分量）1個使用

A 卵白……87g
　レモン果汁……2g
グラニュー糖……22g

B 薄力粉……13g
　アーモンドパウダー……77g
　粉糖……35g

粉糖……適量

作り方

1 ミキサーボウルに冷蔵庫で30分ほどしっかり冷やしたAを入れ、グラニュー糖を加えて高速でしっかり泡立てる。

2 合わせてふるったBを加えてさっくり混ぜる。

3 天板に直径4cmの半球型を伏せた状態（凸が上になる状態）で並べる。

4 小さめの丸口金をつけた絞り袋に2を入れ、3に渦巻き状に絞る。

5 粉糖を全体に漉し器で2度ふりかける。

6 ダンパーを開けた160℃のオーブンで17分ほど焼き色がつくまでしっかり焼く。

7 オーブンから出して粗熱を取り、型をはずして天板に裏返し、ダンパーを開けた100℃のオーブンで2時間乾燥焼きする。

memo

＊ミキサーはホイッパーをつけて使います。
＊生地をよく混ぜないと絞りにくくなりますが、混ぜすぎると生地がだれてしまうので注意します。
＊型を1つずつ切り分けると、生地を焼いたあとに取りはずしやすく、使いやすくなります。
＊隙間ができたら、生地をしぼって隙間を埋めます。
＊しっかり焼けていないと、型をはずす時に割れやすくなるので、しっかり焼きます。
＊保存の際は乾燥剤と一緒に密封容器に入れて常温保存。7日間保存可能です。

# アーモンドのクリスタリゼ

**材料**／15皿分（作りやすい分量）6g使用
アーモンドスリーバード……50g
水……9g
グラニュー糖……25g

**作り方** ＊写真は2倍量です

memo

保存の際は乾燥剤と一緒に密封容器に入れて常温保存。7日間保存可能です。

1 天板にアーモンドをのせ、ダンパーを開けた170℃のオーブンで15分ほど焼き色がつくまで焼く。

2 鍋に水とグラニュー糖を入れ、中火で116℃になるまで加熱し、シロップを作る。

3 火をとめて1を入れ、木ベラで底からゆっくり混ぜ、表面にシロップをまとわせながら、シロップを再結晶化させる。

4 天板に平らに広げ、ダンパーを開けた100℃のオーブンで30分ほど乾燥焼きする。

# バナナと栗のキャラメルソテー

**材 料／1皿分全量使用**

三温糖……15g
バナナ（1cm角）……⅙本分
栗の渋皮煮（5mm角／p175参照）
　……½粒分

ラム酒……15g
生クリーム（35%）……30g

memo

冷蔵庫で1日保存可能です。

**作り方**

1 鍋に三温糖を入れ、中火でキャラメル色に色づくまで加熱する。

2 バナナと栗の渋皮煮を入れ、混ぜながら加熱する。

3 ラム酒を加えて混ぜ、火からおろす。

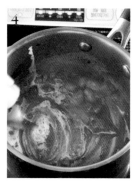

4 生クリームを加え、煮崩れしないように全体を混ぜる。

# 〈組み立て〉

**材 料／1人分**

ダックワーズ……1個
赤ワインのソース……12g
生クリーム（35%／9分立て）……5g
アーモンドのクリスタリゼ……6g
マスカルポーネチーズのクリーム……15g
レモングラスのムース……1個

プラリネのアイスクリーム……25g
レモンのソルベ……20個
ヘーゼルナッツのプラリネ……10g
バナナと栗のキャラメルソテー……全量
食用菊の花びら……2枚
レモングラス（生）……適量

ヘーゼルナッツのプラリネ

レモングラス

レモンのソルベ
中に
プラリネのアイスクリーム

レモングラスのムース

バナナと栗の
キャラメルソテー

アーモンドのクリスタリゼ

食用菊の花びら

生クリーム

赤ワインのソース

ダックワーズ
中にマスカルポーネチーズの
クリーム

組み立て方／器：平大皿（直径24cm）

1

ダックワーズの側面の形を整え、底が平らになるように少し削る。

2

赤ワインのソースを10gと2gにわけ、10gのソースで皿にラインを描く。

3

2のラインの中に、土台にする生クリームを少量おく。

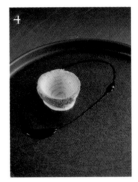

4

3の上に1をのせる。

5

アーモンドのクリスタリゼを包丁で粗く砕き、4gと2gにわけ、4のまわりに4gふる。

6

ダックワーズの中にマスカルポーネチーズのクリームを入れる。

7

レモングラスのムースを型からはずし、6の上にのせる。

8

プラリネのアイスクリームを深めのスプーンでクネルし、7の上におく。

9

レモンのソルベを、8のアイスクリームを覆うように積み上げる。

10

残りの生クリームを小さめのスプーンでクネルし、9にのせる。

11

上から赤ワインソース2gとヘーゼルナッツのプラリネをかけ、糸状に縦にカットしたレモングラスと菊を飾る。

12

ダックワーズの周りを囲むように、バナナと栗のキャラメルソテーをおき、残りのアーモンドのクリスタリゼをふりかける。

135

# Tiramisu parfumé à l'Amaretto

## ティラミス　アマレットの香り

アマレットのムース、エスプレッソのスフレ、カフェ風味のテリーヌ・ショコラ、
ヌガー、アメリカンチェリーのウォッカ漬け、エスプレッソソース etc.

アマレット風味のムースを、カフェ・シロップにたっぷり浸けた生地と合わせ、
エスプレッソのスフレにのせてティラミスに仕立てました。
アクセントには、ウォッカのきいたアメリカンチェリー、ヌガー、カフェ・プララン。
皿いっぱいにエスプレッソとカフェが香り、絶妙なコンビネーションで魅了します。

# ダックワーズ

**材料**／30×30cm天板1台分（作りやすい分量）全量使用

A 卵白……87g
　 レモン果汁……2g
グラニュー糖……22g

B 薄力粉……13g
　 アーモンドパウダー……77g
　 粉糖……35g

memo

保存の際は乾燥剤と一緒に密封容器に入れて常温保存。7日間保存可能です。

**作 り 方**

1. p133の1〜2を参照し、生地を作り、オーブンシートを敷いた天板に1cmの厚さにのばし、粉糖（分量外）をまんべんなくふる。

2. ダンパーを開けた170℃のオーブンで15分ほど色づくまで焼く。

3. オーブンから出し、裏返してシートをはずし、ダンパーを開けた100℃のオーブンで120分乾燥焼きする。

4. オーブンから出し、細かく割る。

---

# カフェ・シロップ

**材料**／250g（作りやすい分量）全量使用

水……105g
グラニュー糖……51g
エスプレッソ……105g
インスタントコーヒー……8g

**作 り 方** ＊写真は3倍量です

1. 鍋に水とグラニュー糖を入れ、中火で沸かす。

2. ボウルに移し、エスプレッソとインスタントコーヒーを加えて混ぜる。

3. 氷水にあてて冷やす。

memo

冷蔵庫で3日間保存可能です。

---

# エスプレッソのスフレ

**材料**／直径5.5cm高さ5cmのセルクル10個分（作りやすい分量）¾個使用

卵白……54.5g
レモン果汁……2.3g
クリームチーズ……62.5g
チェダーチーズ……10g
エスプレッソ……70g

A 卵黄……18g
　 グラニュー糖……5g
　 コーンスターチ……7.7g
グラニュー糖……17.5g
トレハロース……18g

memo

冷蔵庫で3日間保存可能です。

**作 り 方**

p23のスフレ・フロマージュを参照して作り、4つに切る（牛乳と生クリームに代えてエスプレッソを入れる）。

137

# アマレットのムース

**材料**／25×25cm高さ5cm角型1台分（作りやすい分量）50g使用
ダックワーズ（p137参照）……全量
カフェ・シロップ（p137参照）……250g
卵黄……60g
グラニュー糖……60g
アマレット……35g
板ゼラチン……1g
マスカルポーネチーズ……250g
生クリーム（35%／8分立て）……250g

**作り方**

細かく割ったダックワーズを型に隙間なく敷き詰める。

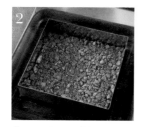
カフェ・シロップをかけ、さらに刷毛で全体に染みわたるように塗り、冷凍庫に入れて2時間冷やしかためる。

耐熱ボウルに卵黄とグラニュー糖を入れてすり混ぜ、アマレット25gを加える。

500Wの電子レンジに30秒ずつ数回かけては混ぜ、全体がボコボコしてくるまで加熱する。

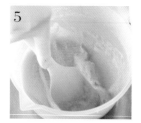
氷水（分量外）で戻した板ゼラチンを加えて混ぜる。

ミキサーボウルに漉し入れ、ミキサー（中速）で白くなるまで混ぜ、途中でアマレット10gを加えて混ぜる。

ボウルに移し、マスカルポーネチーズを加えて混ぜ、生クリームを2回に分けて加えて混ぜる。

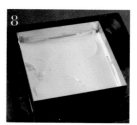
2を型からはずして型を洗い、OPPシートを敷いた天板におき、7を2cmの高さに流し、平らにならす。

2のダックワーズの生地を8の上に平らにおく。

7を9の上から2cmの高さに流して平らにならし、冷蔵庫で3時間冷やしかためる。

<u>memo</u>

＊ミキサーはホイッパーをつけて使います。
＊電子レンジで加熱する際は、途中で何度も出して混ぜ、均等に加熱します。また、糖度が高いため、電子レンジを使うとこげつきにくくなります。
＊ボウルに移してマスカルポーネチーズを加える前に温度を測り、28℃以上ある場合は、28℃ぐらいに冷まします。
＊冷凍庫で2週間保存可能です。

# カフェ・ラ・テの泡

**材料**／75g（作りやすい分量）2g使用
エスプレッソ……50g
牛乳……25g

**作り方**
ボウルにエスプレッソと牛乳を入れて軽く混ぜ、60℃程度にあたため、ハンドミキサーで泡立てて細かい泡を作る。

<u>memo</u>

泡立てる前の液体は、冷凍庫で2週間保存可能。泡立てたあとはすぐにしぼんでしまうので、手早く盛りつけます。

## カフェ・プララン

材料／15皿分（作りやすい分量）5g使用
アーモンドパウダー……18g　　　水……20g
エスプレッソパウダー……7g　　　グラニュー糖……50g

memo

保存の際は乾燥剤と一緒に密封容器に入れて常温保存。5日間保存可能です。

**作り方**

ボウルにアーモンドパウダーとエスプレッソパウダーを入れてすり混ぜる。

鍋に水とグラニュー糖を入れ、中火で130℃まで加熱する。

火をとめて1を加え、小さな塊ができるまで木ベラでゆっくりと混ぜる。

オーブンシートを敷いた天板に広げて冷ます。

## エスプレッソソース

材料／10皿分（作りやすい分量）5g使用

A　エスプレッソ……113g　　　B　グラニュー糖……25g
　　グラニュー糖……25g　　　　　コーンスターチ……10g
　　インスタントコーヒー……15g　板ゼラチン……1.5g
　　水あめ……28.5g

memo

冷蔵庫で3日間保存可能です。

**作り方**　＊写真は2倍量です

鍋にAを入れ、中火で沸かす。

ボウルにBを入れてすり混ぜ、1を少し加えて混ぜ、1に戻して中火にかけ、混ぜながら完全に沸かす。

火からおろし、氷水（分量外）で戻した板ゼラチンを加えて溶かす。

ボウルに移し、氷水にあてて冷やす。

## アメリカンチェリーのウォッカ漬け

材料／3皿分（作りやすい分量）3個使用
アメリカンチェリー（ヘタと種を取ったもの）……10粒分
氷砂糖……72g
バニラビーンズ……½本分
レモン（厚さ3mmのスライス）
　……½個分
ウォッカ……76g

**作り方**

煮沸消毒した密閉容器に、チェリーと氷砂糖を交互に層になるように入れ、バニラビーンズとレモンを加え、ウォッカを注ぎ、砂糖が溶けたら上下を返し、3か月ほど漬け込む。

memo

＊市販のグリオットのブランデー漬けで代用してもOKです。
＊冷蔵庫で3か月保存可能です。

# ヌガー

**作り方**

1 オーブンシートを敷いた天板にヘーゼルナッツダイスをのせ、ダンパーを開けた170℃のオーブンで10分焼く。

2 鍋に残りの材料を入れ、中火で混ぜながら沸かして溶かす。

3 火をとめて1を加えてよく混ぜる。

4 天板に敷いたオーブンシートに広げ、パレットで2〜3mmの厚さにのばし、長方形に整える。

5 ダンパーを開けた170℃のオーブンで均一に色づくまで15〜20分焼く。

6 粗熱を取り、ひと口大に割る。

**材料**／7皿分
（作りやすい分量）
ひと口大3枚使用
ヘーゼルナッツダイス
　……62.5g
バター……19g
グラニュー糖……18g
水あめ……9g
生クリーム（35%）……6g

**memo**

保存の際は、乾燥剤と一緒に密閉容器に入れて常温保存。5日間保存可能です。

---

# カフェ風味のテリーヌ・ショコラ

**材料**／20皿分（作りやすい分量）30g使用
ショコラ・ノワール（56%）……25g
ショコラ・ノワール（72%）……25g
ショコラ・ノワール（64%）……20g
ショコラ・オ・レ（40%）……20g
A　カカオパウダー……5g
　│　グラニュー糖……50g
B　生クリーム（35%）……100g
　│　バター……20g
　│　塩……1g
　│　キャラメル（p95参照）……45g

C　エスプレッソ……75g
　│　牛乳……75g
卵黄……40g
シナモンパウダー、アニスパウダー……各適量

**作り方**
p96の赤ワイン風味のテリーヌ・ショコラを参照し、
テリーヌを作る（CはBと同じタイミングで加える）。

**memo**

冷蔵庫で3日間保存可能です。

# 〈組み立て〉

材料／1人分

カフェ風味のテリーヌ・ショコラ……30g
エスプレッソのスフレ……¾個
エスプレッソソース……5g
アマレットのムース……50g
アメリカンチェリーのウォッカ漬け……3個

カフェ・プララン……5g
ヌガー……ひと口大3枚
カフェ・ラ・テの泡……2g
ショコラのパーツ（p148参照）……3本
かたばみ……適量

かたばみ

ショコラのパーツ

ヌガー

アメリカンチェリーの
ウォッカ漬け

カフェ・ラ・テの泡

アマレットのムース
下にエスプレッソソース

エスプレッソのスフレ
下にカフェ風味の
テリーヌ・ショコラ

カフェ・プララン

**組み立て方**／器：平大皿（直径24cm）

1 皿の3箇所にカフェ風味のテリーヌ・ショコラをスプーンですくっておく。

2 エスプレッソのスフレを1の上にのせる。

3 2の上にエスプレッソソースをかけ、アマレットのムースをスプーンですくって重ねる。

4 アメリカンチェリーのウォッカ漬けを3のそばにおく。

5 カフェ・プラランをふる。

6 ヌガーをムースの生地のそばに立てる。

7 カフェ・ラ・テの泡をおく。

8 ショコラのパーツとかたばみを飾る。

# Figue farcie et pain perdu,
# parfumés aux épices de spéculoos

## いちじくのファルシとパン・ペルデュ
## スペキュロススパイスの香り

いちじくのロティ、パン・ペルデュ、いちじくと大納言のコンフィチュール、
ナッツとスペキュロススパイス風味のアイスクリーム、スペキュロススパイスのクランブル、
ナッツ3種のクリスタリゼ、いちじくと赤ワインのソース etc.

まるごと焼いたいちじくに、いちじくと大納言のコンフィチュールを詰め、
いちじくと赤ワインのソースとスペキュロススパイス風味のアイスクリームを添えました。
カリッと仕上げたパン・ペルデュ、クランブルなどが、軽快なリズムをきざみながら
香ばしさをプラスします。スペキュロススパイスが香り立つ、大満足の一皿です。

# 大納言小豆

**材料**／10皿分（作りやすい分量）30g使用

小豆……100g　　A　三温糖……40g
　　　　　　　　　｜　グラニュー糖……25g
　　　　　　　　　塩……0.2g

memo

冷蔵庫で5日間保存可能です。

**準備**

小豆を流水で洗い、水に一晩
浸けておく。

**作り方**

**1** 深鍋に水をきった小豆を入れ、
水（分量外）を浸る程度加
え、強火にかけて沸いたら弱
火にし、1時間ほど煮る。

**2** Aの⅓量を加え、中火で10分
煮て、さらにAの残りを半分
ずつ10分ごとに加えて煮る。

**3** 塩を加えてざっと混ぜ、ふた
をして蒸らしながら冷まし、
さらに冷蔵庫で8時間以上冷
やして味をなじませる。

# いちじくと大納言のコンフィチュール

**材料**／15皿分（作りやすい分量）30g使用

いちじく（4つに切って薄皮をむいたもの）……165g　　三温糖……35g
いちじく（セミドライ／1cm）……40g　　　　　　　大納言小豆（上記参照）……30g

**作り方**

**1** 鍋に大納言小豆以外を入れ、
中火にかけて沸いたら弱火に
し、とろみがつくまで（Brix
40〜45％）加熱する。

**2** 火をとめ、大納言小豆を加え
て混ぜ、室温で冷ましながら
味をなじませる。

memo

冷凍庫で2週間保存可能です。

# いちじくと赤ワインのソース

**材料**／10皿分（作りやすい分量）10g使用

グラニュー糖……30g
いちじくのロティのシロップ（p144参照）……全量

**作り方**

鍋にグラニュー糖とシロップ（香味材料ごと）を入れ、
中火でとろみがつくまで加熱する。

memo

冷蔵庫で7日間保存可能です。

143

# いちじくのロティ

**材料**／3個分（作りやすい分量）
1個使用

A　赤ワイン……200g
　　グラニュー糖……70g
　　レモン（厚さ1cmのスライス）
　　　……1枚
　　シナモンスティック
　　　……¼本
　　スターアニス……½かけ
　　クローブ……1かけ
いちじく（小）……3個
いちじくと大納言の
　　コンフィチュール（p143参照）
　　……30g

**作り方**

鍋にAを入れ、中火で沸かしてシロップを作る。

深めのバットにいちじくを丸ごと入れて1を注ぎ、ラップを密着させてかけ、1時間漬け込む。

いちじくを取り出し、キッチンペーパーでシロップを拭き、おしりの部分を少し切り落とす。

天板に並べ、ダンパーを閉めた100℃のオーブンで60〜80分ほど焼く。

いちじくと大納言のコンフィチュールを絞り袋に入れ、おしりのくぼみから入れる。

<u>memo</u>

＊いちじくを漬けたシロップは、いちじくと赤ワインのソース（p143）を作る際に使用します。
＊いちじくの大きさに合わせて焼き時間を調整します。
＊冷蔵庫で1日保存可能です。

---

# ナッツ3種のクリスタリゼ

**材料**／20皿分
（作りやすい分量）全量使用

A　ピスタチオ……50g
　　アーモンド
　　　スリーバード……50g
　　クルミ……50g
B　グラニュー糖……75g
　　水……30g

**作り方**

Aをダンパーを開けた170℃のオーブンで、それぞれ色づくまで10〜15分焼き、粗く刻む。

鍋にBを入れ、中火にかけて118℃まで加熱する。

1を入れて火をとめ、表面が白く再結晶化するまで混ぜ、平らなバットなどに広げて冷ます。

<u>memo</u>　保存の際は乾燥剤と一緒に密封容器に入れて常温保存。7日間保存可能です。

## スペキュロススパイス

**材 料**／11.3g分
シナモンパウダー……5.5g
ナツメグパウダー……1.3g
ジンジャーパウダー……1.3g
クローブパウダー……0.8g

カルダモン……0.8g
アニスパウダー……0.8g
ブラックペッパー……0.8g

memo

保存の際は乾燥剤と一緒に密封容器に入れて常温保存。各スパイスの賞味期限まで長期保存可能です。

**作 り 方**
ボウルにすべての材料を入れて混ぜる。

## スペキュロススパイスのクランブル

**材 料**／20皿分（作りやすい分量）8g使用
バター……90g
A　ヴェルジョワーズ（てんさい糖）……75g
　｜　塩……0.8g
　｜　スペキュロススパイス（上記参照）……3g

B　牛乳……7.5g
　｜　卵黄……18g
C　薄力粉……94.5g
　｜　強力粉……94.5g

**準 備**

ミキサーボウルにバターを入れ、ミキサー（中速）で混ぜ、クリーム状にする。

A、混ぜたB、合わせてふるったCを加え、加えるたびによく混ぜ、粉気がなくなったら冷蔵庫に入れて1日寝かせる。

**作 り 方**

冷蔵庫から出し、目の粗いふるいにかけて天板に押し出す。

天板に広げ、冷蔵庫で15分ほど冷やしかためる。

冷蔵庫から取り出し、ダンパーを開けた160℃のオーブンで全体に均一に色がつくまで20分ほど焼く。

memo

＊ミキサーはビーターをつけて使います。
＊焼く前の生地は冷凍庫で3週間、焼いた後の生地は乾燥剤と一緒に密封容器に入れて常温で5日間保存可能です。

# パン・ペルデュ

**材 料 ／40個分**

（作りやすい分量）２個使用

A　ドライイースト……1.5g
　　　三温糖……3g
　　　ぬるま湯（40℃）……30g
強力粉（ふるったもの）
　　　……160g
B　塩……3g
　　　三温糖……25g
C　生クリーム（35%）
　　　……40g
　　　牛乳……50g
　　　卵黄……20g
バター（食塩不使用）
　　　……85g
D　全卵……90g
　　　ヴェルジョワーズ
　　　（てんさい糖）……84g
　　　メープルシロップ……15g
牛乳……375g
溶かしバター（食塩不使用）
　　　……30g

## memo

＊ミキサーはフックをつけて
使います。
＊焼いた後は冷蔵庫で３日間
保存可能です。

**作り方**　＊写真は２倍量です

1　ボウルにAを入れて混ぜる。

2　濡れ布巾をかけて28℃の常温で10分おく。

3　ミキサーボウルにふるった強力粉とBを入れて混ぜ、2とCを加えて、中速で5分こねる。

4　3に常温に戻したバターをちぎりながら加え、中速で表面がなじんでつるっとした状態になるまで混ぜる。

5　ひとまとめにし、サラダ油（分量外）を塗ったボウルに入れる。

6　濡れ布巾をかけて30℃で1時間～1時間30分発酵させる。

7　打ち粉（分量外）をした作業台の上で10分割にして丸め、打ち粉（分量外）をした天板に並べる。

8　濡れ布巾をかけ、30℃で1時間発酵させる。

9　麺棒でのばしながら空気を抜き、端からくるくる巻いて生地をまとめ、丸く成形する。

10　天板にシルパットを敷き、直径5.5cmのセルクルの内側にサラダ油（分量外）を塗り、9を入れる。

11　濡れ布巾をかけ、30℃で40分発酵させる。

12　オーブンシートをのせ、さらに天板1枚をのせる。

13　ダンパーを閉めた180℃のオーブンで全体に均一に焼き色がつくまで15分ほど焼く。

ボウルにDを入れて混ぜ、あたためた牛乳を少しずつ加えて混ぜる。

溶かしバターを熱々のまま加え、よく混ぜ、カップに漉し入れる。

パンをセルクルから出し、横に半分に切ってバットに並べ、15をパンにかけながら注ぎ、常温で30分漬ける。

パンを半分に切り、オーブンシートを敷いた天板に並べ、ダンパーを開けた160℃のオーブンで30分こんがり焼く。

# ナッツとスペキュロススパイス風味のアイスクリーム

**材料**／20皿分（作りやすい分量）15g使用

A 卵黄……110g
 | グラニュー糖……80g
 | スペキュロススパイス（p145参照）……8g

B 牛乳……300g
 | 生クリーム（35%）……291g
 | はちみつ……105g
ナッツ3種のクリスタリゼ（p144参照）……全量
いちじく（セミドライ／5mm角）……100g

**作り方**

ボウルにAを入れて混ぜる。

鍋にBを入れ、中火で沸かし、1に少しずつ加えて混ぜる。

鍋に戻し、弱火～中火にかけて82℃になるまで、混ぜながら加熱する。

ボウルに漉し入れる。

氷水にあてて10℃以下に冷やす。

アイスクリームマシンにかけ、空気を含んで白っぽくなり、マシンの羽にくっつく程度のかたさになったらとめる。

ナッツ3種のクリスタリゼといちじくを加えて、さらにマシンにかけて混ぜる。

memo

＊アイスクリーム液の空気の含みがあまいと、かたい仕上がりになってしまうので注意します。
＊冷凍庫で2週間保存可能です。

147

## ショコラのパーツ

**材料**／100g分（作りやすい分量）5g使用
A　ショコラ・ノワール（70%以上のもの）……50g
B　ショコラ・ノワール（70%以上のもの／刻んだもの）……100g
ウォッカ（75%以上のもの）……適量

**準備**

耐熱ボウルにAを入れ、500Wの電子レンジに30秒ずつ数回かけて溶かし、残りを刻んで加えて混ぜる。

Bを加え、500Wの電子レンジに5秒ずつ数回かけ、30℃を超えないように気をつけながら溶かしてよく混ぜる。

ステンレスのナイフなどの先に取り、しばらくおいてしっかりかたまるか確認する（かたまればテンパリング完了）。

**作り方**

カップに入れたウォッカを冷凍庫で3時間以上冷やす。テンパリングしたショコラを絞り袋に入れ、ウォッカの中に絞り入れる。

1を取り出し、キッチンペーパーを敷いたバットにあけて、冷蔵庫で1時間ほど冷やして、完全にかためる。

memo
＊テンパリングがうまくできる最小の分量です。
＊テンパリングの際は、空気が入らないように注意します。
＊冷蔵庫で7日間保存可能です。

## 〈組み立て〉

**材料**／1人分
いちじくと赤ワインのソース……10g
スペキュロススパイスのクランブル……8g
いちじくのロティ……1個
パン・ペルデュ……2個

ショコラのパーツ……5g
生クリーム（35%／9分立て）……5g
ナッツとスペキュロススパイス風味のアイスクリーム……15g
大納言小豆、アマランサスの葉……各適量

いちじくと赤ワインのソース

ナッツとスペキュロス
スパイス風味の
アイスクリーム

大納言小豆

生クリーム

スペキュロススパイスの
クランブル

アマランサスの葉

ショコラのパーツ

パン・ペルデュ

いちじくのロティ

**組み立て方 ／ 器：浅大鉢（直径24cm）**

いちじくと赤ワインのソース
をスプーンに取って皿に注ぐ。

スペキュロススパイスのクラ
ンブルをのせ、いちじくのロ
ティをおく。

パン・ペルデュをのせる。

大きめのショコラのパーツを
おく。

生クリームを小さなスプーン
でクネルしてのせる。

アイスクリームを大きなスプ
ーンでクネルしておく。

小さめのショコラのパーツと
大納言小豆を6の上にのせる。

アマランサスを飾る。

# Savarin à l'orange, pamplemousse et Hassaku

## オレンジとグレープフルーツとはっさくのサヴァラン

オレンジとチェリーのサヴァラン、はっさくのソース、
オレンジのジュレ、グレープフルーツのパート・ド・フリュイ etc.

オレンジとグレープフルーツ、はっさくをサヴァランに仕立てました。
生地にはチェリーのピュレを練り込み、シロップはあえてひかえめに。
もちっとした生地本来の食感と風味を活かすことで、深い味わいを引き出しました。
ヌードル状のジュレとパート・ド・フリュイで見た目もさわやかに存在感たっぷりと。

# はっさくのソース

**材料／8皿分（作りやすい分量）18g使用**

A　グラニュー糖……14g
　│　コーンスターチ……3g
はっさく（またはホワイトグレープフルーツ）果汁……130g
バター……6g
マンダリンナポレオン……6g

<u>memo</u>

冷蔵庫で3日間保存可能です。

**作り方**

1　ボウルにAを入れてすり混ぜ、はっさく果汁の¼量程度を加えて混ぜる。

2　鍋に残りのはっさく果汁を入れ、中火で沸かし、1を加えて混ぜながら加熱する。

3　沸騰させてとろみがついてきたら火からおろし、バターを加えて混ぜる。

4　ボウルに移し、氷水にあてて40℃に冷やし、マンダリンナポレオンを加え、ハンドブレンダーで混ぜる。

# オレンジペースト

**材料／10皿分（作りやすい分量）15g使用**

A　HMペクチン……1.2g
　│　グラニュー糖……4.5g
B　オレンジ・コンサントレ……65g
　│　オレンジ果汁……100g
　│　三温糖……12g
　│　はちみつ……6g
マンダリンナポレオン……6g

<u>memo</u>

冷蔵庫で3日間保存可能です。

**作り方**

1　ボウルにAを入れてすり混ぜ、別のボウルで混ぜたBを¼量加えて混ぜる。

2　鍋にBの残りを入れて中火で沸かす。

3　火をとめ、1を加え、中火で混ぜながら2割ほど煮詰まるまで（Brix 60%）加熱する。

4　ボウルに移し、氷水にあてて20℃以下に冷やし、マンダリンナポレオンを加えて混ぜる。

# オレンジのジュレ

**材料**／15×60cm 1枚分（作りやすい分量）½枚使用
オレンジ果汁……75g
粉寒天……1g
グラン・マルニエ……3g

memo

冷蔵庫で3日間保存可能です。

**作り方**

鍋にオレンジ果汁65gを入れ、中火で沸騰直前まで沸かして火をとめる。

オレンジ果汁10gでのばした粉寒天を加えて中火にかけ、沸いたら弱火にし、1分煮立たせる。

火をとめ、グラン・マルニエを入れて混ぜる。

OPPシートを敷いたトレーに角材4本をおいて15×60cmの枠を作り、3を流し込み、カードなどで薄くのばす。

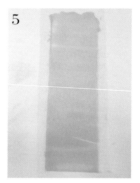

冷蔵庫で1時間冷やしかためる。

冷蔵庫から出して枠をはずし、4辺をまっすぐに切りそろえ、半分に切ってシートをはずす。

# グレープフルーツのパート・ド・フリュイ

**材料**／15×60cm 1枚（作りやすい分量）½枚使用
A　グラニュー糖……22.5g
│　HMペクチン……1.2g
グレープフルーツ果汁（ホワイト）……165g
はちみつ……9g
トレハロース……適量

memo

常温で7日間保存可能です。

**作り方**

ボウルにAを入れてすり混ぜ、グレープフルーツ果汁とはちみつを加えて混ぜる。

鍋に移し、中火で沸かし、103℃になるまで（Brix 70%）加熱する。

OPPシートを敷いたトレーに角材4本で15×60cmの枠を作り、2を流し込んで薄くのばし、常温で1日乾燥させる。

枠をはずし、4辺を切りそろえ、表面にトレハロースをまぶし、横半分に切ってシートをはずす。

---

# オレンジのジュレとグレープフルーツの
# パート・ド・フリュイのパーツ

**材料**／2皿分（作りやすい分量）20g使用
オレンジのジュレ（p152参照）……½枚
グレープフルーツのパート・ド・フリュイ（p152〜153参照）……½枚

**作り方**
オレンジのジュレの上にグレープフルーツのパート・ド・フリュイを重ね、半分に折り、幅3mmのひも状に切る。

memo

冷蔵庫で2日間保存可能です。

---

# オレンジのシロップ

**材料**／340g（作りやすい分量）全量使用

| A | オレンジ果汁……160g | B | グラン・マルニエ……50g |
|---|---|---|---|
| | グラニュー糖……80g | | リカール……38g |
| | バター……20g | | |

memo

冷蔵庫で3日間保存可能です。

**作り方**

鍋にAを入れ、弱火にかけて混ぜながらバターを溶かす。

ボウルに移す。

氷水にあてて40℃まで冷やす。

氷水から出し、Bを加えて混ぜる。

# オレンジとチェリーのサヴァラン

材料／3×8×3cmシリコン型8個分（作りやすい分量）½個使用

A ドライイースト……6g 　B 卵黄……16g 　　　　　　バター……16g
　グラニュー糖……10g 　　チェリーのピュレ……100g 　オレンジのシロップ（p153参照）
　湯（40℃）……20g 　　　　生クリーム（35%）……20g 　　……340g
　　　　　　　　　　　　C 強力粉……126g
　　　　　　　　　　　　　グラニュー糖……22g

## 作り方

1 ボウルにAを入れて軽く混ぜ、ラップをかけて常温で10分ほどおく（予備発酵）。

2 別のボウルにBを入れて混ぜ、1を少しずつ入れて混ぜる。

3 ミキサーボウルにふるったCを入れ、ミキサー（低速）で混ぜ、2を加えて生地がボウルからはがれるようになるまで中速で混ぜる。

4 常温に戻したバターを加えて混ぜ、丸くまとめる。

5 ボウルに移し、ラップをして30℃で30〜40分発酵させる。

6 絞り袋に入れ、型の½の高さまで絞り、指にサラダ油（分量外）をつけて生地をならしながら、型にきちんと入れる。

7 30℃で30分程度発酵させる。

8 型の上にシルパット（もしくはオーブンシート）をのせ、さらに天板1枚をのせる。

9 ダンパーを閉めた170℃のオーブンで20分ほど焼き、上の天板だけをはずしてさらに10分ほど焼く。

10 オーブンから取り出し、粗熱を取り、縁のはみ出しなどを切りそろえて形を整え、横半分に切り、バットに並べる。

11 シロップを注ぎ、30分漬ける。

memo

＊ミキサーはフックをつけて使います。
＊発酵させる際は、室温を30℃に設定するか、オーブンの発酵機能を30℃に設定します。
＊冷蔵庫で1日保存可能です。

# 〈組み立て〉

**材料／1人分**

オレンジとチェリーのサヴァラン……½個
生クリーム（35%／9分立て）……15g
クレーム・パティシエール（p10参照）……10g
オレンジ果肉（薄皮を取って
　　ひと口大に切ったもの）……4房分

オレンジのジュレとグレープフルーツの
　　パート・ド・フリュイのパーツ……20g
はっさくのソース……18g
オレンジペースト……15g
フェンネルの花、ボリジ、ナスタチウム……各適量

オレンジのジュレとグレープフルーツの
パート・ド・フリュイのパーツ
下に上からオレンジの果肉、
クレーム・パティシエール、
生クリーム

ボリジ

フェンネルの花

はっさくのソース

ナスタチウム

オレンジとチェリーの
サヴァラン

オレンジペースト

**組み立て方**／器：平大皿（直径24cm）

1　皿にオレンジとチェリーのサ
ヴァランをおく。

2　丸口金の絞り袋に入れた生ク
リームを1の上にライン状に
絞る。

3　別の絞り袋にクレーム・パテ
ィシエールを入れ、生クリー
ムの中央にライン状にのせる。

4　オレンジ果肉をおく。

5　オレンジのジュレとグレープ
フルーツのパート・ド・フリ
ュイのパーツをのせる。

6　生クリームを少し絞り、フェ
ンネルの花をのせ、ボリジ、
ナスタチウムを飾る。

7　はっさくのソースをスプー
ンに取り、点を描く。

8　オレンジペーストをスプーン
に取り、7の大きな1つの点
にのせ、バランスを見ながら
まわりに点を描く。

# Combinaison d'avocat, orange et gingembre

## アボカドとオレンジとしょうがのコンビネゾン

アボカドのムース、オレンジのコンフィチュール、しょうゆとバニラのアイスクリーム、
しょうがのクリスタリゼ、オレンジのクリスタリゼ、バニラのクランブル etc.

アボカドに、相性のよいオレンジや、うまみを引き出してくれるしょうゆを組み合わせた一皿です。
味を決めるメインのパーツは、アボカドのムースがたっぷりとかかった
しょうがのビスキュイ・ジョコンドの中に隠れています。
アボカドがデセールには珍しい素材だけに、驚きをたくさん加えて作ってみました。

## アボカドのペースト

**材料** ／10皿分（作りやすい分量）50g使用
アボカド果肉……110g 　グラン・マルニエ……2g
レモン果汁……12.5g 　三温糖……30g

**作り方**
ボウルにすべての材料を入れ、ハンドブレンダーで
ペースト状に混ぜ、裏漉しする。

memo

ラップを密着させてかけたの
ち、冷蔵庫で1日保存可能で
す。

## アボカドのムース

**材料** ／4皿分（作りやすい分量）15g使用
アボカドのペースト（上記参照）……50g
生クリーム（35％／8分立て）……20g

**作り方**
ボウルにすべての材料を入れてさっと混ぜる。

memo

冷蔵庫で1日保存可能です。

## オレンジのコンフィチュール

**材料** ／20皿分（作りやすい分量）8g使用
オレンジの皮……33g
A　オレンジの果肉……75g
　　水……100g
　　グラニュー糖……37g
オレンジ・コンサントレ……30g

memo

＊皮がやわらかくなるまで加
熱している途中で、水が少な
くなればたします。
＊冷凍庫で2週間保存可能で
す。

**準備**　　　　　　　**作り方**

オレンジの皮を洗い、湯（分
量外）を沸かし、皮を入れて
ゆでこぼす。これをもう2回
繰り返す。

オレンジの皮の内側の白いわ
たを取り除き、3mm角ほど
に細かく刻む。

鍋に1とAを入れ、とろみが
ついて皮がやわらかくなるま
で（Brix 40％）、中火で加
熱する。

火からおろし、オレンジ・コ
ンサントレを加えて混ぜ、ボ
ウルに移し、氷水にあてて冷
やす。

# しょうがのビスキュイ・ジョコンド

**材料**／直径7cmシリコン半球型30個分（作りやすい分量）　1個使用

| | |
|---|---|
| しょうが（皮をむいたもの）……31g | 薄力粉……22g |
| 全卵……118g | バター……40g |
| 粉糖……58.2g | ショコラ・ノワール（粒もしくは |
| アーモンドパウダー……61g | 　　　　フェーブ状）……200g |

memo

＊ミキサーはホイッパーを
つけて使います。
＊冷蔵庫で2日間保存可能
です。

**作り方**

1 しょうがをざく切りにし、フードプロセッサー（高速）で細かくペーストに近い状態にする。

2 ミキサーボウルに全卵と粉糖を入れ、湯煎にかけて混ぜながら50℃まであたためる。

3 湯煎からはずし、アーモンドパウダーを加え、ミキサー（中速）で白くもったりとするまで泡立てる。

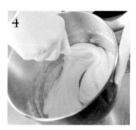

4 ふるった薄力粉を加え、ゴムベラで混ぜる。

5 ボウルにバターを入れ、湯煎にかけて溶かし、熱いうちに1を加え、ほぐすように混ぜる。

6 5に4の少量を加えて混ぜる。

7 4に6を戻してよく混ぜる。

8 オーブンシートを敷いた天板に厚さ5mmほどに広げる。

9 天板の下から天板をもう1枚重ね、ダンパーを閉めた170℃のオーブンで15分ほど軽く色づくまで焼く。

10 天板をはずし、網にあげて粗熱を取り、網をはずして表面の焼き面を取る。

11 直径10cmのセルクルで丸く抜き、⅛を切り取る。

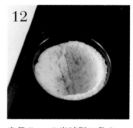

12 直径7cmの半球型に敷き、隙間ができたら、⅛に切り取った生地を適宜切って隙間を埋める。

13 耐熱ボウルにショコラ½量を入れ、500Wの電子レンジに30秒ずつ数回かけ、混ぜて溶かし、48℃にする。

14 残りのショコラを加え、空気があまり入らないようにしながらしっかり混ぜる。

15 溶けたら温度を測り、27℃以下なら、再度500Wの電子レンジで5秒間隔で加熱し、32℃まで温度を上げる。

16 12に刷毛で15を薄く塗り、冷蔵庫に入れて30分冷やしかためる。

# しょうゆとバニラのアイスクリーム

**材料**／25皿分（作りやすい分量）1個使用

A 牛乳……140g
　生クリーム（35%）……140g
　グラニュー糖……47.5g
　バニラビーンズ……1/3本分

B 卵黄……52g
　グラニュー糖……47.5g
　キャラメル（p66参照）……42.7g
　しょうゆ（濃い口）……12g

**作り方**

1
鍋にAを入れて中火で沸かし、火をとめ、ラップをかけ1時間おく。

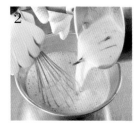

2
1を再び中火で沸かし、ボウルに入れてすり混ぜたBに少量ずつ加えて混ぜる。

3
鍋に戻し、中火～弱火にかけて82℃になるまで混ぜながら加熱する。

4
ボウルに漉し入れ、キャラメルを加えてハンドブレンダーで混ぜる。

5
氷水にあてて10℃以下に冷やす。

6
氷水から出してしょうゆを加えて混ぜる。

7
アイスクリームマシンにかけ、空気を含んで白っぽくなり、マシンの羽にくっつく程度のかたさになったらとめる。

memo

＊アイスクリーム液の空気の含みがあまいと、かたい仕上がりになってしまうので注意します。
＊組み立ての際は15mlディッシャーで1個くりぬきます。
＊冷凍庫で2週間保存可能です。

---

# オレンジのクリスタリゼ

**材料**／10皿分（作りやすい分量）3g使用
オレンジの皮（薄皮を取り除いたもの）……30g
グラニュー糖……100g
水……200g

memo

＊オレンジの皮は透明感が出てやわらかくなるまで（Brix 55%）加熱し、途中で水が少なくなったら水（分量外）をたします。
＊保存の際は乾燥剤と一緒に密封容器に入れて常温保存。7日間保存可能です。

**作り方**

1
湯（分量外）を沸かし、洗ったオレンジの皮を入れてゆでこぼし、これをもう2回繰り返して細いひも状に切る。

2
鍋に1とグラニュー糖、水を入れ、中火にかけて沸かしてシロップを作り、1を入れ皮がやわらかくなるまで加熱する。

3
キッチンペーパーに取ってシロップを軽くきり、グラニュー糖（分量外）を入れたボウルに入れ、全体にまぶす。

4
オーブンシートを敷いた天板に広げ、室温で半日乾燥させる。

# しょうがのクリスタリゼ

**材料**／10皿分
（作りやすい分量）5g使用
しょうが……105g
グラニュー糖……112g

**作り方**

**1**
しょうがは皮をむき、水洗いしてキッチンペーパーで水気を拭き、細い千切りにする。

**2**
湯（分量外）を沸かし、1を入れて3分ゆでて網にあけ、これをもう1回繰り返す。

**3**
鍋に2とグラニュー糖を入れ、浸る程度に水（分量外）を加え、中火であくを取りながら加熱する。

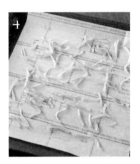

**4**
3をキッチンペーパーに取ってシロップをきり、オーブンシートを敷いた天板に広げ、室温で3日乾燥させる。

**5**
表面が結晶化して白くなり、べたつかなくなったら、細かく刻む。

memo
＊しょうがは透明感が出てやわらかくなるまで（Brix 55%）加熱し、途中で水が少なくなったら水（分量外）をたします。
＊保存の際は乾燥剤と一緒に密封容器に入れて常温保存。7日間保存可能です。

---

# チュイール

**材料**／50枚分（作りやす分量）5枚使用
バター……50g　　薄力粉……50g
水……50g　　　　グラニュー糖……100g

memo
保存の際は乾燥剤と一緒に密封容器に入れて常温保存。5日間保存可能です。

**作り方**

**1**
ボウルに湯煎で溶かしたバターと水を入れて軽く混ぜる。

**2**
別のボウルにふるった薄力粉とグラニュー糖を入れてすり混ぜ、1を加えて粉気がなくなるまで混ぜる。

**3**
OPPシートで作ったコルネに2を入れ、天板に敷いたシルパットに2cm間隔で直径1cm程度に丸く絞る。

**4**
ダンパーを開けた200℃のオーブンで8分ほど焼き色がつくまで焼く。

## 〈組み立て〉

材料／1人分
オレンジのコンフィチュール……8g
バニラのクランブル（p28参照）……7g
アボカド（1cm角）……6個
オレンジ……⅛個

しょうゆとバニラのアイスクリーム……1個
しょうがのビスキュイ・ジョコンド……1個
アボカドのムース……15g
チュイール……5枚

しょうがのクリスタリゼ……5g
オレンジのクリスタリゼ……3g
メレンゲ（p28参照）……3個
ペチュニア……適量

チュイール

オレンジのクリスタリゼ

アボカドムース

しょうがのクリスタリゼ

ペチュニア

メレンゲ

しょうがの
ビスキュイ・ジョコンド
中に上から順に、
しょうゆとバニラの
アイスクリーム、
アボカド、オレンジ、
オレンジのコンフィチュール、
バニラのクランブル

バニラのクランブル

**組み立て方／器：深鉢（直径21cm、深さ8cm）**

1
器の底にオレンジのコンフィチュールをおき、まわりにバニラのクランブルを5gちらす。

2
アボカドとひと口大に切ったオレンジをのせる。

3
しょうゆとバニラのアイスクリームを15mlのディッシャーでくりぬいておく。

4
しょうがのビスキュイ・ジョコンドを、ふたをするようにかぶせる。

5
アボカドムースをかけ、チュイールを飾る。

6
しょうがのクリスタリゼをふり、オレンジのクリスタリゼをのせる。

7
メレンゲをのせ、まわりにバニラのクランブルを2gちらす。

8
ペチュニアを飾る。

161

# Pêches jaunes rôties et parfumées aux clous de girofle

## 黄桃のロティ　クローブの香り

黄桃のロティ、クローブのアイスクリーム、ショコラ・ブランのムース、
アーモンドのキャラメリゼ、松の実のクリスタリゼ、しょうがとパッションのソース etc.

酸味と甘みのバランスがよく、しっかりとした身の黄桃をラム酒とロティし、
パッション、クローブ、しょうがで作ったパーツと組み合わせて、
エキゾチックな風味のデセールにしました。
ショコラのムースには、黄桃とアプリコットのコンフィチュールをしのばせ、
小さなサプライズを加えています。

# 黄桃とアプリコットのコンフィチュール

**材料**／12皿分（作りやすい分量）60g使用

| | |
|---|---|
| 黄桃……250g | クローブ（ホール）……1粒 |
| アプリコット（セミドライ）……25g | レモン果汁……1g |
| 三温糖……85g | クローブパウダー……適宜 |

memo

冷蔵庫で7日間保存可能です。

**作り方**　＊写真は2倍量です

   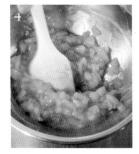

1. 黄桃は皮をむいて種を取り1cmの角切りにし、アプリコットはみじん切りにする。

2. 鍋に1と三温糖、クローブを入れ中火でとろみがつくまで（Brix 40〜45％）加熱する。

3. ボウルに移し、氷水にあてて冷やす。

4. 氷水から出してレモン果汁と好みでクローブパウダーを加えて混ぜる。

# クローブのアイスクリーム

**作り方**

 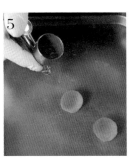

**材料**／22皿分

（作りやすい分量）2個使用

A　牛乳……364g
　　生クリーム（35％）
　　　……100g
　　グラニュー糖……30g
　　クローブ（ホール）
　　　……2粒
B　卵黄……60g
　　はちみつ……70g
　　トレハロース……30g
チョコレート色素
　　（オレンジ色／黄色）
　　　……適量

1. 鍋にAを入れて中火にかけ、沸いたら火からおろし、ラップをかけて10分間蒸らす。

2. ボウルにBを入れて混ぜ、1に加えて中火にかけ、82℃になるまで加熱する。

3. ボウルに漉し入れ、氷水にあてて10℃以下に冷やす。

4. アイスクリームマシンにかけ、空気を含んで白っぽくなり、マシンの羽にくっつく程度のかたさになったらとめる。

5. フルーツボーラーで小さな球を作り、エアブラシでチョコレート色素を黄色→オレンジの順に吹きかける。

memo

＊アイスクリーム液の空気の含みがあまいと、かたい仕上がりになってしまうので注意します。
＊冷凍庫で7日間保存可能です。

# 黄桃のチュイール

**材料**／30×30cm 1枚分（作りやすい分量）直径2.8cm 3枚、直径3.5cm 1枚使用
黄桃とアプリコットのコンフィチュール（p163参照）……50g

**作り方**

 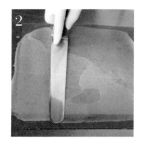 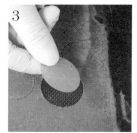 

1　ボウルに黄桃とアプリコットのコンフィチュールを入れ、ハンドブレンダーでペースト状にする。

2　シルパットに30cm四方に薄くのばし、ダンパーを開けた100℃のオーブンで10分焼いて表面を乾燥させ、直径3.5cmと2.8cmのセルクルで型押しする。

3　ダンパーを開けた90〜100℃のオーブンで2〜3時間焼き、シルパットをからはずす。

memo

保存の際は乾燥剤と一緒に密封容器に入れて常温保存。3日間保存可能です。

# ショコラ・ブランのムース

**材料**／直径4.5cmシリコン半球型7個分（作りやすい分量）1個使用
ショコラ・ブランのムース生地（p39参照）……200g
黄桃とアプリコットのコンフィチュール（p163参照）……10g
チョコレート色素（オレンジ色／黄色）……適量

memo

＊冷凍庫で3日間保存可能です。
＊p39のショコラ・ブランのムースの1〜6、p106のショコラ・ブランのモールドの作り方1〜3を参照のこと。

**作り方**

 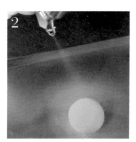  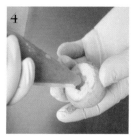

1　p39を参照して生地を作り、絞り袋に生地を入れて直径4.5cm半球型に絞り入れ、冷凍庫で3時間冷やしかため、p106を参照して球体を作る。

2　穴を下にしてバットにのせ、エアブラシに入れたチョコレート色素の黄色を吹きかける。

3　エアブラシのチョコレート色素をオレンジ色に入れ替え、球体の上部にのみ吹きかける。

4　絞り袋に黄桃とアプリコットのコンフィチュールを入れ、球体の穴から流し入れる。

# りんごとレモンのナパージュ

**材料**／20皿分（作りやすい分量）5g使用

A　水……112.5g
｜　グラニュー糖……18g
B　HMペクチン……2.7g
｜　グラニュー糖……2.5g
りんごリキュール……10g
レモン果汁……10g

memo

冷蔵庫で3日間保存可能です。

作り方

鍋にAを入れ、中火で沸かし、ボウルに入れてすり混ぜたBに少し加えて混ぜる。

鍋に1を戻し、中火でとろみがつくまで加熱する。

ボウルに移し、氷水にあてて混ぜながら冷やす。

氷水から出し、りんごリキュールとレモン果汁を加えて混ぜる。

---

# 黄桃のロティ

材料／３×８×３cmシリコン型４個分（作りやすい分量）１個使用

黄桃……２個
バター……30g
A　グラニュー糖……32g
　│　アプリコットのピュレ……140g

ラム酒……20g
グラニュー糖、
　りんごとレモンのナバージュ（p164参照）……適量

作り方

黄桃は皮をつけたまま半分に切り、種をくりぬいて４つに切る。

フライパンにバターを入れ、中火で1の黄桃と種を加えて色づくまで加熱する。

Aを入れて中火にかけ、黄桃の皮がむけてくるまで加熱し、ラム酒を加えてさらに加熱する。

3の黄桃を１cm角に切り、型に敷き詰める。

ダンパーを開けた150℃のオーブンで１時間30分〜２時間焼く。

オーブンから出して粗熱を取り、バットにのせてグラニュー糖をふり、バーナーであぶる。

筆にナバージュを取り、6の上に塗ってつやを出す。

memo

＊黄桃を加熱して出てくる焼き汁はソースとして組み立てる際に使用します。
＊冷蔵庫で３日間保存可能です。

# アーモンドのキャラメリゼ

**材料／10皿分**
（作りやすい分量）4粒使用
アーモンド（皮なし）
……100g
グラニュー糖……100g
水……20g

**作り方**

1 アーモンドをダンパーを開けた160℃のオーブンで軽く色づくまで15分ほど焼く。

2 鍋にグラニュー糖と水を入れ、中火で106℃になるまで加熱する。

3 1を入れて火をとめ、表面が白く再結晶化するまで混ぜる。

4 さらに中火で濃いキャラメル色になるまで加熱する。

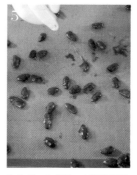

5 シルパットを敷いた天板に広げてサラダ油（分量外）をまぶし、耐熱性の手袋をして手でバラバラにする。

<u>memo</u>

＊キャラメリゼしたアーモンドは非常に熱いので、耐熱性の手袋をして作業します。
＊保存の際は乾燥剤と一緒に密封容器に入れて常温保存。7日間保存可能です。

# 松の実のクリスタリゼ

**材料／10皿分**
（作りやすい分量）7g使用
松の実……50g
グラニュー糖……25g
水……10g

**作り方**

1 松の実をダンパーを開けた160℃のオーブンで薄っすらと色づくまで15分ほど焼く。

2 鍋にグラニュー糖と水を入れ、中火で106℃になるまで加熱する。

3 1を入れて火をとめ、表面が白く再結晶化するまで混ぜ、天板に広げて冷ます。

<u>memo</u>　保存の際は乾燥剤と一緒に密封容器に入れて常温保存。7日間保存可能です。

# しょうがとパッションのソース

**材料**／12皿分（作りやすい分量）20g使用

A　グラニュー糖……48g
│　HMペクチン……5.38g
パッションのピュレ……15g

B　グラニュー糖……60g
　　水あめ……42g
　　パッションのピュレ……50g
　　マンゴーのピュレ……15g
　　しょうが（刻んだもの）……30g
　　塩……1.5g

ショコラ・ブラン（36%）
　……24g
レモン果汁……22.5g
バター……40.5g

**作り方**　＊写真は2倍量です

1　ボウルにAを入れてすり混ぜ、パッションのピュレを少量加えて混ぜる。

2　鍋にBを入れて中火にかけ、1を加えてとろみがつくまで（Brix 50%）加熱する。

3　ボウルに漉し入れ、ショコラとレモン果汁を加えて混ぜ、乳化させ、氷水にあてて35℃まで冷やす。

4　氷水から出し、常温に戻したバターを加え、ハンドミキサーで混ぜて乳化させる。

<u>memo</u>　冷凍庫で2週間保存可能です。

---

# 〈組み立て〉

**材料**／1人分

しょうがとパッションのソース……20g
黄桃のロティ……1個
松の実のクリスタリゼ……7g
アーモンドのキャラメリゼ……4粒
黄桃のロティの焼き汁……5g

ショコラ・ブランのムース……1個
クローブのアイスクリーム……2個
黄桃のチュイール……直径2.8cm 3枚、直径3.5cm 1枚
ヤロウの葉、パンジー、キバナコスモス、バーベナ、フェンネルの花……各適量

黄桃のチュイール
黄桃のロティ
ショコラ・ブランのムース
黄桃のロティの焼き汁
松の実のクリスタリゼ
しょうがとパッションのソース
ヤロウの葉
アーモンドのキャラメリゼ
フェンネルの花
パンジー
バーベナ
クローブのアイスクリーム
キバナコスモス

**組み立て方 ／ 器：平大皿（直径24cm）**

しょうがとパッションのソースをスプーンに取り、皿にラインを描く。

黄桃のロティをおく。

松の実のクリスタリゼをふる。

アーモンドのキャラメリゼをのせる。

絞り袋に黄桃のロティの焼き汁を入れ、点を描く。

ヤロウの葉、パンジー、キバナコスモス、バーベナ、フェンネルの花を飾る。

ショコラ・ブランのムースをおく。

クローブのアイスクリームをのせる。

大きい黄桃のチュイールを7に、小さいチュイールを8にのせる。

# Mariage de légumes et fruits

## 野菜とフルーツのマリアージュ

にんじんのムース、ライチのソルベ、リュバーブのコンポート、
ライチ風味のクレーム・フェッテ、パプリカのコンフィチュール、
野菜とフルーツのソース、にんじんとフランボワーズのソース etc.

にんじん、パプリカ、トマトをメインにした野菜が主役のデセール。
リュバーブやフランボワーズ、ライチを効果的に登場させ、
料理ではない、デセールの顔に仕上げました。
野菜はフルーツより繊維がしっかりしている分、
いろいろな形が生み出せるため、動きのあるデセールを作ることができます。

# にんじんのペースト

**材料**／160g（作りやすい分量）全量使用
にんじん……180g
グラニュー糖……ペースト状にしたにんじんの２割の量

memo

冷凍庫で２日間保存可能です。

**作り方**

にんじんの皮をむき、１cm角に切る。

鍋に1と1が浸る程度の水（分量外）を加えて中火にかけ、沸いたらふたをして弱火でやわらかくなるまで加熱する。

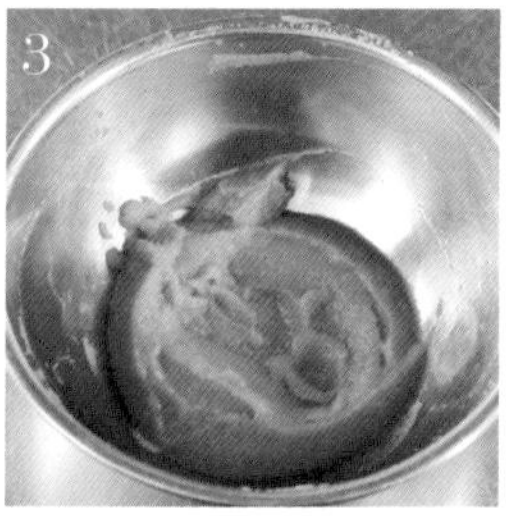

ボウルに移し、ハンドブレンダーにかけてペースト状にし、裏漉しする。

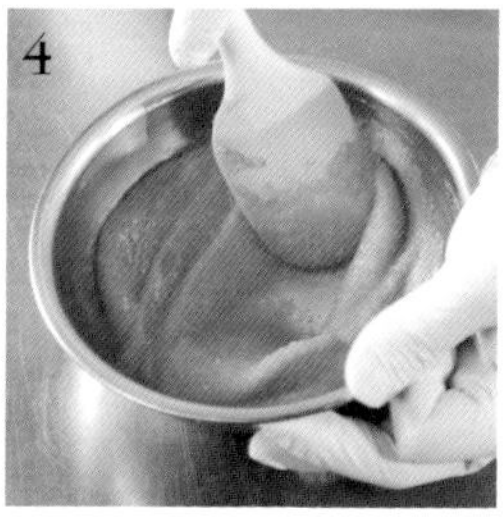

あたたかいうちに計量し、２割の重さにあたるグラニュー糖を加えて混ぜる。

# にんじんのムース

**材料**／直径4.5cmシリコン半球型15個分（作りやすい分量）１個使用
にんじんのペースト（上記参照）……90g
パッションのピュレ……10g
板ゼラチン……1.1g
生クリーム（35%／8分立て）……30g

memo

冷凍庫で７日間保存可能です。

**作り方**

鍋ににんじんペーストとパッションのピュレを入れ、中火で沸かす。

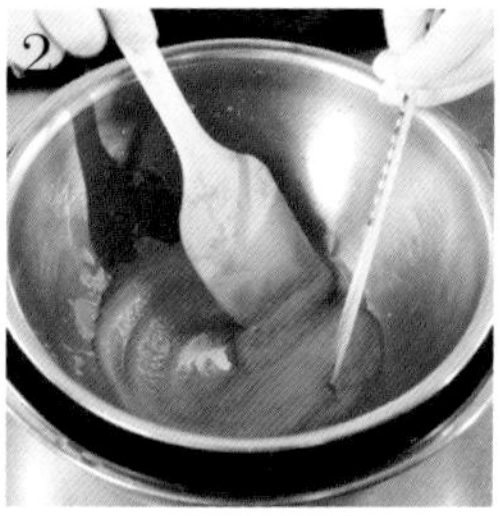

氷水（分量外）で戻した板ゼラチンを加えて溶かし、ボウルに移して氷水にあて、28℃になるまで混ぜながら冷やす。

生クリームを加えて混ぜる。

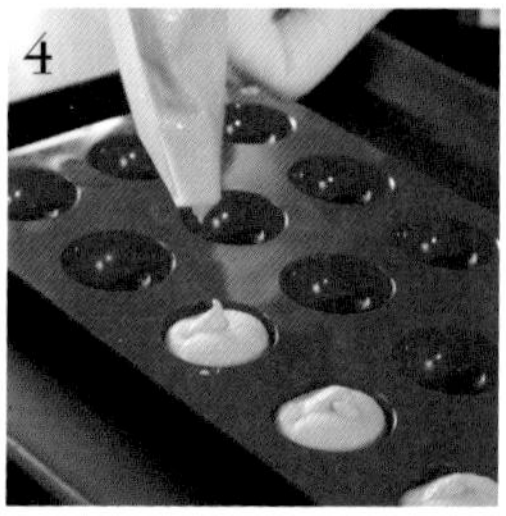

絞り袋に入れて半球型に絞り入れ、冷凍庫で２時間冷やしかためる。

# ライチ風味のクレーム・フェッテ

**材料**／７皿分（作りやすい分量）15g使用
生クリーム（35%）……100g
ライチリキュール……１g

**作り方**
ミキサーボウルに生クリームとライチリキュールを入れ、中速で８分立てにする。

memo

＊ミキサーはホイッパーをつけて使います。
＊冷蔵庫で１日保存可能です。

## リュバーブのコンポート

**材料**／10皿分（作りやすい分量）8個使用

リュバーブ（生）……100g
三温糖……40g
グラニュー糖……20g
白ワイン……浸る程度
オレンジ（大／厚さ1cmのスライス）……½個分

**作り方**

1 リュバーブを皮ごと2cm程度の長さに切る。

2 鍋に1と残りの材料を入れて中火にかけ、沸いたら火をとめる。

3 ボウルに移し、密着させてラップをかけ、常温でゆっくり味をなじませる。

<u>memo</u>

＊リュバーブはすぐにやわらかくなるので注意します。
＊冷蔵庫で3日間保存可能です。

## 野菜とフルーツのソース

**材料**／15皿分（作りやすい分量）
10g使用

にんじん（皮つき／5mm角）
　　……50g
パプリカ（赤／皮つき／1cm角）
　　……50g
トマト（皮つき／2cm角）
　　……40g
ぶどう（皮つき／種なし／
　半分に切ったもの）……100g
オレンジ果肉（半分に
　切ったもの）……100g
三温糖……72g

**作り方**

1 鍋にすべての材料入れて、弱火で煮詰める。

2 ハンドブレンダーにかけてピュレ状にし、ボウルに濾し入れ絞り出す。

<u>memo</u>

冷凍庫で2週間保存可能です。

## パプリカのコンフィチュール

**材料**／20皿分（作りやすい分量）10g使用

パプリカ（皮を湯むきしたもの／1cm角）……100g
パイナップルのピュレ……100g
フランボワーズのピュレ……20g
三温糖……30g

**作り方**

鍋にすべての材料を入れ、弱火でやわらかくなるまで（Brix 40%）加熱する。

<u>memo</u>

冷凍庫で2週間保存可能です。

# ライチのソルベ

**材料**／40個分（作りやすい分量）2個使用

ライチのピュレ……300g
グラニュー糖……40g
サワークリーム……30g
レモン果汁……15g
トレモリン（転化糖）……13g
ライチリキュール……16g

memo

＊アイスクリーム液の空気の含みが
あまいと、かたい仕上がりになって
しまうので注意します。
＊1cmの角材を両サイドにおくと
均等の厚さにのばしやすくなります。
＊冷凍庫で2週間保存可能です。

**作り方**

| 1 | 2 | 3 | 4 |
|---|---|---|---|
| ボウルにすべての材料を入れてよく混ぜ、氷水にあてて10℃以下に冷やす。 | アイスクリームマシンにかけ、空気を含んで白っぽくなり、マシンの羽にくっつく程度のかたさになったらとめる。 | OPPシートを敷いた作業台に2をのせ、シートをもう1枚かけてはさみ、麺棒で厚さ1cmほどにのばす。 | 冷凍庫で3時間冷やしかため、取り出して1cm角に切る。 |

# にんじんとフランボワーズのソース

**材料**／6皿分（作りやすい分量）20g使用

A　にんじんのペースト（p170参照）……57g
　｜　牛乳……25g
フランボワーズのピュレ……適量

**作り方**

ボウルにAを入れて混ぜ、フランボワーズのピュレを加えながら
オレンジ色になるよう調整する。

memo

冷蔵庫で5日間保存可能です。

# 〈組み立て〉

**材料**／1人分

にんじんとフランボワーズのソース……20g
リュバーブのコンポート……8個
クレーム・パティシエール（p10参照）……10g
ぶどう（厚さ2mmのスライス）……4枚
にんじんのムース……1個
ライチ風味のクレーム・フェッテ……15g

オレンジ（1cm角）……3個
マンゴー（1cm角）……3個
野菜とフルーツのソース……10g
パプリカのコンフィチュール……10g
ライチのソルベ……2個
リュバーブ（生）、にんじん、ペチュニア……各適量

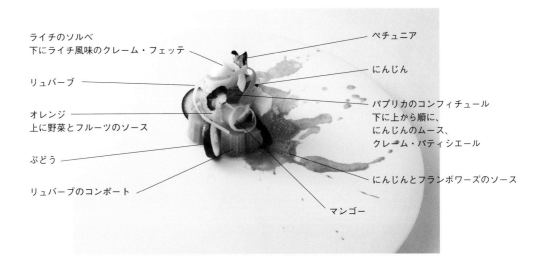

ライチのソルベ
下にライチ風味のクレーム・フェッテ

ペチュニア

にんじん

リュバーブ

オレンジ
上に野菜とフルーツのソース

パプリカのコンフィチュール
下に上から順に、
にんじんのムース、
クレーム・パティシエール

ぶどう

リュバーブのコンポート

にんじんとフランボワーズのソース

マンゴー

**組み立て方／器：平大皿（直径30.5cm）**

1 スプーンににんじんとフランボワーズのソースを取り、皿にラインを描く。

2 リュバーブのコンポートをのせる。

3 2の中心にクレーム・パティシエールをおき、2のコンポートの間にぶどうを立てかける。

4 にんじんのムースをのせ、ライチ風味のクレーム・フェッテをクネルして重ねる。

5 4のまわりにオレンジとマンゴーを交互におき、上から野菜とフルーツのソースをかける。

6 パプリカのコンフィチュールをのせる。

7 にんじんとリュバーブをピーラーで薄くスライスし、丸めて飾る。

8 ペチュニアを飾り、ライチのソルベをのせる。

# Fondant aux marrons,
# saveur d'automne

## 栗のフォンダン　秋のマリアージュ

栗のフォンダン、栗の渋皮煮、さつまいものチップス、ラム酒のアイスクリーム、
マロンムース、カシスムース、マロンクリーム、かぼちゃのソース etc.

和栗をメインに、ほっくりした秋のおいしさを表現しました。
アシェット・デセールの醍醐味は、「あたたかい」「冷たい」「やわらかい」「歯ごたえのある」……と
相反するパーツを取り入れて構成できること。
こうした対比の他に、ローズマリーやカシスを組み合わせ、和と洋の対比も盛り込んでみました。

# 栗の渋皮煮

**材料**／15皿分（作りやすい分量）1½粒使用
栗（大／皮つき）……500g
重曹……14g
三温糖……275g

**作り方** ＊写真は2倍量です

大きめの鍋に栗と栗が浸る程度の水（分量外）を入れ、中火で10分ほど加熱する。

火からおろし、栗を取り出して、渋皮を残しながら皮をむく。

鍋に2の栗と栗が浸る程度の水（分量外）、重曹の⅓量を加えて中火で5分加熱し、さらに弱火で5分加熱する。

湯を捨ててボウルに移し、栗が乾燥しないように水（分量外）を入れる。

水（分量外）を替え、1粒ずつ筋とかたい渋皮を手で取り除く。

鍋に浸る程度の水（分量外）と重曹の⅓量を入れ、中火にかけ、沸いたら弱火で5分加熱し、もう1回同様に加熱する。

重曹を入れず、同様の作業を2回繰り返したら、三温糖の⅓量を加えて同様に加熱し、1日寝かせる。

7の作業をもう2回繰り返し、ボウルに漉して栗とシロップに分ける。

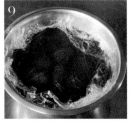

シロップを栗が浸るほどに残して鍋に取り（a）、ラップを密着させてかけ、冷蔵庫で1日寝かせる（b）。

（a）を中火にかけて煮詰め、（b）の栗にかけてつやを出す。

ボウルから栗を出し、半分に切る。

memo

＊栗は穴が開いていたり、軽く水に浮くものは省きます。
＊渋皮が傷つかないよう丁寧にむきます。
＊冷凍庫で2週間保存可能です。

---

# マロン風味のクレーム・フェッテ

**材料**／10皿分（作りやすい分量）20g使用
栗の渋皮煮（上記参照）……30g
生クリーム（35%／7分立て）……100g

**作り方**
ボウルに細かく刻んだ栗の渋皮煮と生クリームを入れ、泡立て器でよく泡立て、9分立てに仕上げる。

memo

冷蔵庫で1日保存可能です。

# 栗のフォンダン

**材料**／直径5.5cm高さ4.5cmのセルクル4個分
（作りやすい分量）1個使用

バター……50g

A　マロンペースト……141g
　　ベーキングパウダー……2.5g
　　グラニュー糖……30g
　　卵黄……73g
　　卵白……44g

ラム酒……8g
栗の渋皮煮（p175参照）……2粒
（セルクル1個につき½粒）

**memo**

＊ミキサーはビーターをつけて使います。
＊Aを加えて混ぜた際に生地が分離したら少し湯煎にかけます。
＊焼きたてを盛りつけます。保存不可。

**作り方**

1　ミキサーボウルにバターを入れ、ミキサー（高速）で混ぜてほぐし、Aを表記順に加えてもったりとつやが出るまで混ぜ、ラム酒を加えて混ぜる。

2　セルクルの内側にオーブンシートを巻き、底に栗の渋皮煮を½粒おき、1を絞り袋に入れ、8分目まで絞ってならす。

3　ダンパーを閉めた180℃のオーブンで、中心部がやや揺れるようになるまで8〜10分焼く。

# マロンクリーム

**材料**／13皿分（作りやすい分量）30g使用

マロンペースト……155g　　バター……45g
A　マロンクリーム……55g　　ラム酒……12g
　　マロンピュレ……72g　　栗リキュール……8g
　　和栗ペースト……30g

**memo**

冷凍庫で2週間保存可能です。

**作り方**

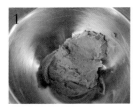 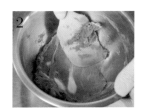  

1　ボウルにマロンペーストを入れ、やわらかくなるまで練り、Aを加えてよく混ぜる。

2　常温に戻したバターを少しずつ加えてよく混ぜる。

3　湯煎にかけて少しあたためながら混ぜ、なめらかなペースト状にする。

4　湯煎からはずし、ラム酒と栗リキュールを加えて混ぜる。

# ローズマリー風味のクレーム・パティシエール

**材料**／10皿分（作りやすい分量）15g使用

A　生クリーム（35％）……130g　　ローズマリー……3g
　　牛乳……91g　　卵黄……48g
　　バニラビーンズ……½本分　　トレハロース……20g
　　グラニュー糖……23g　　コーンスターチ……10g

**memo**

冷蔵庫で7日間保存可能です。

**作り方**

p10のクレーム・パティシエールを参照して作る（ローズマリーはAと一緒に入れる）。

# マロンムース

材料／直径4cmシリコン半球型15個分（作りやすい分量）1個使用

A 牛乳……27.5g
　グラニュー糖……13.5g
板ゼラチン……2.1g
マロンペースト……117.5g

B ラム酒……2.8g
　生クリーム（35%／7分立て）
　　……178g

<u>memo</u>

冷凍庫で7日間保存可能です。

作り方　＊写真は2倍量です

鍋にAを入れて中火で沸かし、火からおろし、氷水（分量外）で戻した板ゼラチンを加えて混ぜる。

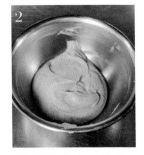

ボウルにほぐしたマロンペーストを入れ、1を少しずつ加え、混ぜながら常温で28℃に冷まし、Bを加えて混ぜる。

絞り袋に入れ、半球型に絞り、冷凍庫で3時間冷やしかためる。

冷凍庫から出し、型からはずして4つに切る。

# かぼちゃのソース

材料／20皿分
　（作りやすい分量）20g使用

A 牛乳……100g
　シナモン（スティック）
　　……¼本
　バニラビーンズ……⅙本分
かぼちゃ……⅙個
B ヴェルジョワーズ
　（てんさい糖）……15g
　塩……1g
栗のリキュール……3g

**準備**

鍋にAを入れ、中火で沸かし、ラップをかけて冷蔵庫で1日寝かせる（a）。

**作り方**

かぼちゃは皮と種を取り除き、小さく切って耐熱ボウルに入れ、500Wの電子レンジで5分加熱する。

ボウルに（a）を漉し入れ、鍋に戻してあたため、火からおろす。

1のかぼちゃが熱いうちにBと2の少量を加え、ハンドブレンダーで混ぜてペースト状にする。

2の残りを少しずつ加えて混ぜ、なめらかなペーストになったら、栗のリキュールを加える。

<u>memo</u>

＊かぼちゃはそれぞれ風味が異なるため、かぼちゃが甘い場合、塩（分量外）で味を調えます。
＊冷凍庫で2週間保存可能です。

## カシスムース

**材料**／7皿分（作りやすい分量）3個使用

カシスのピュレ……50g
板ゼラチン……2.4g

A　クレーム・ド・カシス……4.5g
　　生クリーム（35%／8分立て）……50g
イタリアンメレンゲ（p47参照）……50g

**作り方**　＊写真は2倍量です

鍋にカシスのピュレを入れ、中火であたため、火からおろし、氷水（分量外）で戻した板ゼラチンを加えて混ぜる。

ボウルに移し、氷水にあてて28℃に冷やし、Aを加えて混ぜ、よく冷えたイタリアンメレンゲを加えて混ぜる。

丸口金の絞り袋に入れ、OPPシートを敷いた天板に小さなドーム状に絞り、冷凍庫で3時間冷やしかためる。

memo

＊イタリアンメレンゲはよく冷やしておきます。
＊冷凍庫で2週間保存可能です。

## さつまいものチップス

**材料**／10皿分（作りやすい分量）1枚使用

さつまいも（細めのもの）……⅓本
サラダ油、グラニュー糖……各適量

**作り方**

さつまいもをスライサーで薄くスライスする。

フライパンにサラダ油を150℃に熱し、1を揚げ、キッチンペーパーの上に広げて余分な油を取る。

ボウルにグラニュー糖を入れ、2を入れて全体に薄くまぶす。

memo

保存の際は乾燥剤と一緒に密封容器に入れて常温保存。3日間保存可能です。

## 〈組み立て〉

**材料**／1人分

ローズマリー風味のクレーム・パティシエール……15g
マロン風味のクレーム・フェッテ……20g
栗の渋皮煮……1½粒
カシスムース……3個
マロンクリーム……30g
マロンムース（4つに切ったもの）……1個
栗のフォンダン……1個

かぼちゃのソース……20g
さつまいものチップス……1枚
メレンゲ（p28参照）……2個
バニラのクランブル（p28参照）……5g
ラム酒のアイスクリーム（p18参照）……1個
ショコラのパーツ（p148参照）……5g
ナスタチウムの葉、もみじの葉……各適量

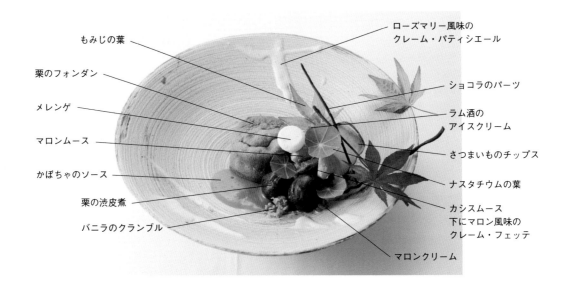

もみじの葉

栗のフォンダン

メレンゲ

マロンムース

かぼちゃのソース

栗の渋皮煮

バニラのクランブル

ローズマリー風味の
クレーム・パティシエール

ショコラのパーツ

ラム酒の
アイスクリーム

さつまいものチップス

ナスタチウムの葉

カシスムース
下にマロン風味の
クレーム・フェッテ

マロンクリーム

**組み立て方**／器：浅大鉢（直径24cm）

1 ローズマリー風味のクレーム・パティシエールをスプーンに取り、器にラインを描く。

2 マロン風味のクレーム・フェッテをクネルしてのせる。

3 栗の渋皮煮をおき、カシスムースをのせる。

4 絞り袋にマロンクリームを入れ、栗の渋皮煮のそばに絞り、マロンムースをのせる。

5 栗のフォンダンをおき、かぼちゃのソースをスプーンに取ってかける。

6 ナスタチウムの葉を飾り、さつまいものチップスとメレンゲをのせ、バニラのクランブルをかける。

7 ラム酒のアイスクリームを15mlのディッシャーで1個くりぬいてのせる。

8 もみじの葉とショコラのパーツを飾る。

# Chocolat au yuzu et poivre du Sichuan, parfumé aux graines de sésame

## ゆずと山椒のショコラ　ごまの香り

ゆずのクレーム・ブリュレ・ショコラ、山椒風味のテリーヌ・ショコラ、
玄米茶のアイスクリーム、抹茶のパン・ド・ジェンヌ、
ごまと山椒とヘーゼルナッツのプラリネ、ブランデーとゆずのソース etc.

ショコラに、ゆず、山椒、ごま、抹茶、
玄米茶と和の風味を組み合わせ、
繊細に変化する味わいを表現しました。
プラリネや炒り玄米、ごまと、
香ばしさも複雑に交差し、
独特のコントラストで楽しませてくれます。
エディブルフラワーとハーブを飾り、シックな
雰囲気を漂わせつつも華やかにまとめました。

# ゆずのコンフィチュール

**材料**／10皿分（作りやすい分量）10g使用
ゆず……5個
水……250g
グラニュー糖……125g
ゆず果汁……10g

memo

冷蔵庫で5日間保存可能です。

**作り方** ＊写真は2倍量です

1 ゆずは洗って皮をむき、スプーンで果肉の種を取る。

2 鍋に水（分量外）を入れて沸かし、1の皮をゆでこぼし、白いわたを取ってみじん切りにし、果肉は乱切りにする。

3 別の鍋に水とグラニュー糖、ゆず果汁、2を入れて中火にかけ、皮がやわらかくなるまで加熱する。

4 火からおろし、ハンドブレンダーでペースト状にする。

---

# クレーム・アングレーズ

**材料**／25皿分（作りやすい分量）10g使用

A　グラニュー糖……30g
　｜　卵黄……40g
B　グラニュー糖……30g
　｜　バニラビーンズ……⅓本分
　｜　牛乳……87g
　｜　生クリーム（35%）……87g

memo

冷蔵庫で2日間保存可能です。

**作り方**

 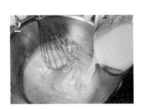  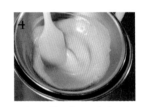

1 ボウルにAを入れてすり混ぜる。

2 鍋にBを入れ、中火で沸かし、1に少しずつ加えて混ぜる。

3 鍋に戻し、中火で82℃まで加熱し、別のボウルに漉し入れる。

4 ボウルに漉し入れ、氷水にあてて冷やす。

---

# 山椒風味のテリーヌ・ショコラ

**材料**／15皿分（作りやすい分量）30g使用
ショコラ・ノワール（56%）……25g
ショコラ・ノワール（72%）……25g
ショコラ・ノワール（64%）……20g
ショコラ・オ・レ（40%）……20g
A　カカオパウダー……5g
　｜　グラニュー糖……50g
B　生クリーム（35%）……100g
　｜　バター……20g
　｜　塩……1g
　｜　キャラメル（p95参照）……45g
牛乳……60g
卵黄……40g
ブランデー……15g
山椒……1.5g

**作り方**
p96の赤ワイン風味のテリーヌ・ショコラを参照して作る（牛乳はBと、山椒はその他の材料と一緒に混ぜる）。

memo

＊中心がやわらかい状態で表面が乾いたら、オーブンから取り出します。
＊冷蔵庫で3日間保存可能です。

## フランボワーズとゆずのパート・ド・フリュイ

**材料**／10皿分（作りやすい分量）5個使用

A　フランボワーズのピュレ……50g　　B　HMペクチン……0.6g
　　ゆず果汁……20g　　　　　　　　　　　グラニュー糖……41g
　　水あめ……10g　　　　　　　　　　フランボワーズのピュレ……20g
　　トレハロース……41g

**作り方**

鍋にAを入れ、中火にかけて混ぜながら加熱する。

ボウルにBを入れてすり混ぜ、フランボワーズのピュレを少量加えて混ぜる。

1に2と残りのフランボワーズのピュレを入れ、中火で103℃になるまで混ぜながら加熱する。

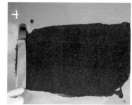
OPPシートを敷いたトレーに厚さ2〜3mm、10×30cmほどにのばし、常温で2〜3日乾燥させる。

シートからはずしてまな板におき、形を整え、半分に切り、さらに2.5×5cmの長方形に切る。

端からゆるく巻き、一部を半分に切る。

<u>memo</u>

保存の際は乾燥剤と一緒に密封容器に入れて常温保存。5日間保存可能です。

## オレンジとゆずのパート・ド・フリュイ

**材料**／15皿分（作りやすい分量）4個使用

三温糖……12g　　　　　　　　　　B　ゆず果汁……50g
はちみつ……7g　　　　　　　　　　　オレンジ果汁……50g
オレンジ・コンサントレ……10g　　マンダリンナポレオン……1g

A　グラニュー糖……3g
　　HMペクチン……0.8g

**作り方**

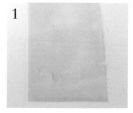
p46のベルガモットのパート・ド・フリュイを参照し、鍋にベルガモットのピュレの代わりにBを入れ、10×30cmに切る。

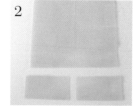
半分に切り、さらに2.5×5cmに切る。

端からゆるく巻く。

<u>memo</u>

保存の際は乾燥剤と一緒に密封容器に入れて常温保存。5日間保存可能です。

# 玄米茶のアイスクリーム

**材料**／20皿分（作りやすい分量）
20g使用
水……15g
玄米茶葉……8g
A 牛乳……180g
　 生クリーム（35%）……60g
　 グラニュー糖……30g
B 卵黄……74g
　 グラニュー糖……30g

**作り方**

鍋に水を入れ、中火で沸かして玄米茶葉を加え、ラップをかけて3分間蒸らす。

別の鍋にAを入れて中火にかけ、沸いたら1を入れ、ラップをかけて3分間蒸らし、別の鍋に漉し入れて絞り出す。

ボウルにBを加えてすり混ぜ、2を少しずつ加えて混ぜる。

鍋に移し、中火で82℃になるまで加熱する。

ボウルに漉し入れ、氷水にあてて10℃以下に冷やす。

アイスクリームマシンにかけ、空気を含んで白っぽくなり、マシンの羽にくっつく程度のかたさになったらとめる。

<u>memo</u>

＊アイスクリーム液の空気の含みがあまいと、かたい仕上がりになってしまうので注意します。
＊冷凍庫で2週間保存可能です。

# ブランデーとゆずのソース

**材料**／20皿分（作りやすい分量）5g使用
A ブランデー……100g　　　　ゆず果汁……10g
　 グラニュー糖……50g
　 ゆず（5mm輪切り）……2枚

**作り方**

鍋にAを入れ、中火で⅔量ほどになるまで加熱する。

ボウルに移し、氷水にあてて冷やす。

氷水から出し、ゆず果汁を加えて混ぜる。

<u>memo</u>

冷凍庫で2週間保存可能です。

# ごまと山椒とヘーゼルナッツのプラリネ

**材料**／20皿分（作りやすい分量）10g使用
ごま……10g　　　　　　　　　グラニュー糖……150g
ヘーゼルナッツ（皮つき）……100g　山椒パウダー……適量
水……30g

### 作り方

**memo**

保存の際は乾燥剤と一緒に密封容器に入れて常温保存。5日間保存可能です。

1　鍋にごまを入れ、弱火で香ばしくなるまで炒り、ボウルに移して粗熱を取る。

2　p130を参照し、ヘーゼルナッツのプラリネを作り、別のボウルに入れる。

3　2に1を加えて混ぜ、山椒を加えて味を調える。

# ゆずの皮のクリスタリゼ

**材料**／10皿分（作りやすい分量）7〜8本使用
ゆず……1個　　　　　　　　　グラニュー糖……適量
A　水……66g
│　グラニュー糖……10g

### 作り方

1　ゆずは洗って皮をむき、湯（分量外）を沸かして3回ゆでこぼし、内側の白いわたを取り除いて細くスライスする。

2　鍋にAを入れ、中火で沸かしてシロップを作り、1を入れてやわらかくなるまで加熱する。

3　キッチンペーパーでシロップを拭き取り、天板におい33て少し水分が残っている状態まで乾燥させる。

**memo**

＊皮がやわらかくなる前に水が少なくなったら、水をたします。
＊保存の際は乾燥剤と一緒に密封容器に入れて常温保存。7日間保存可能です。

4　ボウルにグラニュー糖を入れ、3を入れて全体にまぶす。

5　オーブンシートを敷いた天板の上に広げ、再び常温で1日乾燥させる。

# 抹茶のパン・ド・ジェンヌ

**材料**／15皿分（作りやすい分量）
1個使用

A　アーモンドパウダー……60g
　　グラニュー糖……75g
　　グランマルニエ……12.5g
　　抹茶……5g
　　塩……1g
B　バター……25g
　　牛乳……15g
C　全卵……95g
　　グラニュー糖……72.5g
D　薄力粉……19g
　　ベーキングパウダー……1g
山椒風味のテリーヌ・ショコラ
　（p181参照）……30g
ごまと山椒とヘーゼルナッツの
　プラリネ（p184参照）
　　……15g

memo

テリーヌ・ショコラを塗る前の生地は冷凍庫で3週間保存可能です。塗ったあとは保存できません。

**作り方**

1

p11のパン・ド・ジェンヌの1〜10を参照して生地を作り、3×9cmの長方形に切り、さらに斜めに切る。

2

斜めに切った面を残し、他の面に山椒風味のテリーヌ・ショコラをパレットで塗る。

3

山椒風味のテリーヌ・ショコラを塗った面に、ごまと山椒とヘーゼルナッツのプラリネをまぶす。

---

# ゆずのクレーム・ブリュレ・ショコラ

**材料**／40皿分（作りやすい分量）10g使用

ショコラ・ノワール（64%）……40g　　牛乳……130g
ショコラ・ノワール（56%）……26g　　生クリーム（35%）……90g
カカオパウダー……4g　　　　　　　　卵黄……25g
グラニュー糖……5g　　　　　　　　　ゆず果汁……20g
コンスターチ……5g

**作り方**

p97のクレーム・ブリュレ・ショコラの1〜4を参照して
生地を作り、ゆず果汁を混ぜる。
5を参照して焼き、表面にラップを密着させてかけ、
常温で冷まし、冷蔵庫で2時間冷やしかためる。

memo

冷蔵庫で2日間保存可能です。

---

# 〈組み立て〉

**材料**／1人分

抹茶のパン・ド・ジェンヌ……1個
フランボワーズとゆずのパート・ド・フリュイ……5個
オレンジとゆずのパート・ド・フリュイ……4個
ゆずのコンフィチュール……10g
ブランデーとゆずのソース……5g
山椒風味のテリーヌ・ショコラ……30g
クレーム・アングレーズ……10g
ごまと山椒とヘーゼルナッツのプラリネ……10g

ゆずのクレーム・ブリュレ・ショコラ……10g
ゆずの皮のクリスタリゼ……7〜8本
フランボワーズ……1個
カカオニブの糖衣がけ（p98参照）……2g
玄米茶のアイスクリーム……20g
山椒の葉、フェンネルの花、ミントの葉、バーベナ、
　ボリジ、セルフィーユ……各適量

フランボワーズとゆずの
パート・ド・フリュイ
中にクレーム・アングレーズ ―――――――――――――――――――――――――――― 山椒の葉

セルフィーユ ―――――――――――――――――――― ボリジ

カカオニブの糖衣がけ ――――――――――――――――――――――――― ゆずの皮のクリスタリゼ

クレーム・アングレーズ ―――――――――――――――――――――――――― 抹茶のパン・ド・ジェンヌ

ゆずのクレーム・ ――――――――――――――――――――――――――――― バーベナ
ブリュレ・ショコラ
――――――――――――――――――――――――――――――― フェンネルの花
玄米茶のアイスクリーム ―――――――――――――――――――――
――――――――――――――――― ブランデーと
ごまと山椒と ――――――――――――――――――― ゆずのソース
ヘーゼルナッツのプラリネ
―――――――――――――――――――――――――――― フランボワーズ
オレンジとゆずのパート・ド・フリュイ ――――――――――
中にゆずのコンフィチュール ―――――――――――――――――――― ミントの葉

山椒風味のテリーヌ・ショコラ

**組み立て方／器：平大皿（直径24cm）**

1

皿に抹茶のパン・ド・ジェン
ヌをおき、2つのパート・
ド・フリュイをのせる。

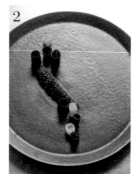

2

絞り袋にゆずのコンフィチュ
ール入れ、オレンジとゆずの
パート・ド・フリュイの中に
絞る。

3

2つのパート・ド・フリュイ
のあたりにブランデーとゆず
のソースをかけ、テリーヌ・
ショコラを絞り袋で絞る。

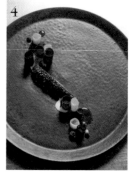

4

クレーム・アングレーズをス
プーンでフランボワーズとゆ
ずのパート・ド・フリュイの
中に入れ、まわりにかける。

5

山椒の葉を飾り、ごまと山椒
とヘーゼルナッツのプラリネ
を2つのパート・ド・フリュ
イのあたりにおく。

6

フェンネル、ミント、バーベ
ナ、ボリジを飾り、絞り袋に
ゆずのクレーム・ブリュレ・
ショコラを入れ、点を描く。

7

ゆずの皮のクリスタリゼ、
フランボワーズをのせ、セルフ
ィーユを飾り、カカオニブの
糖衣がけを全体にふる。

8

玄米茶のアイスクリームをク
ネルしておく。

Cahier de présentation des desserts à l'assiette

# アシェット・デセール　作り方ノート

アシェット・デセールは、
「メイン」「サブ」「飾り」の3つのパーツを
組み合わせて構成します。
組み合わせ次第で
アシェット・デセールは多様な広がりを見せます。

オレンジとグレープフルーツと
はっさくのサヴァラン（p150）

サヴァランとソースという
シンプルな構成。サヴァランに様々な
趣向を凝らして作り、最後の
ひと口まで楽しめるようにしています。

フォンダン・ショコラ
ラベンダーの香り（p117）

味わいに一体感を出しつつ、
メインのフォンダンのまわりに
メインにもなりえる魅力的なパーツを
複数組み合わせ、構成しています。

# 1 基本構成

メインとサブのパーツはどれも
メインにもサブにもなりえるものです。
デセールの構想にそって、メインにするか、
サブにするかを決めます。

〈メインやサブのパーツになるもの〉
パイ
クレープ
スフレ
フォンダン
パン
ムース
クレーム・ブリュレ
アイスクリーム
ソルベ
旬のフルーツや野菜　など

〈飾りのパーツ〉
＊クリーム類
　　クレーム・パティシエール
　　クレーム・アングレーズ
　　クレーム・フェッテ
　　クレーム・シャンティイ
　　フロマージュ・クリュ　など
＊ソース類
　　クレームがベース（クレーム・アングレーズなど）
　　お酒がベース（赤ワインソースなど）
　　フルーツのピュレがベース
　　　（フランボワーズソースなど）
　　グラサージュ　など
＊生地類
　　チュイール
　　クランブル
　　パイ
　　シフォンやパン・ド・ジェンヌ　など
＊フルーツ＆ナッツ類
　　パート・ド・フリュイ
　　クリスタリゼ
　　糖衣がけ　など
＊その他
　　ショコラのパーツ（イメージ通りに成形して）
　　ハーブ
　　エディブルフラワー
　　フルーツ＆野菜　など

いちじくのファルシとパン・ペルデュ
スペキュロススパイスの香り（p142）

7つのスパイスからなるスペキュロス
スパイスなど、スパイスを多用し、
皿いっぱいにスパイスが香る
デセールになっています。

# 2 作り方フロー

構想から組み立てまでお菓子づくりと同じ流れです。
違いは、アイスクリームやチュイールなど
より繊細なパーツを作り、より多くのパーツと
組み合わせていくところにあります。

**デセールの構想を考える**
メイン、サブ、飾りの各パーツと器を決める
↓
**メイン、サブ、飾りの各パーツを作る**
↓
**器に組み立てる**

ショコラのコンポジション（p94）

濃厚なショコラがベースの
パーツばかりで構成せず、
ソルベやリュバーブのコンポートなどを
バランスよく組み合わせて作っています。

# 3 デセールの構想アプローチ

何から考えはじめるか、アプローチは大きく分けて二つ。
どちらも一つのデセールを完成させるのに必要な要素です。

## アプローチ 1
## 味&食感から考える

旬の味覚を大切に素材の持ち味を活かして構成します。
この本では「香り」「濃厚さ」「隠し味」を
キーワードに考えています。

グリオットとローズマリーのソルベ、
ショコラ・ブランのムース
赤紫蘇の香り（p38）

メインやサブの素材と同じ
リキュールではなく、桃やライチなどを
思わせる甘い香りのエルダーフラワーの
リキュールを加えています。

*香り
　デセールを口にした時の香りです。ふわっと漂わせるのか、
　しっかり感じさせるのか、季節をふまえながら、どんな香
　り（複数の香りを組み合わせることもある）が面白いのか
　を基準に香りの素材を選び、その他の素材と組み合わせま
　す。

*濃厚さ
　具体的には油分バランスです。素材の持ち味を最大限に引
　き出しながら、油分をどれぐらいプラスして（あるいは差
　し引いて）、より深い味わいにするのかを吟味していきま
　す。

*隠し味
　デセールを特徴づけたり、複数のパーツをまとめたり、何
　をどのようにしのばせるか。一つに限らず、いくつかを組
　み合わせて重厚な味に仕上げることもあります。

グレープフルーツのわらびもちと
加賀棒茶のソルベ（p80）

和と洋の融合を試みたこの一皿は、
持ち味を活かせるようコンパクトに
美しい色合いで仕上げたく、
白い小鉢に組み立ててみました。

豆とバナナとはと麦茶の
コンビネゾン（p60）

メインの豆に合わせてサブや飾りの
パーツをひと口大にし、皿全体に組み立て、
多彩な色使いで存在感のある
デセールにしています。

柿とバナナとラム酒の
ミルフィーユ仕立て（p14）

ミルフィーユの形にアレンジを加え、
サブや飾りのパーツに魅力的なものを選び、
ミルフィーユにさらなるおいしさを加えています。

## アプローチ 2
## ヴィジュアルイメージから考える

思い描いたイメージをもとに素材やパーツを
選んでいきます。
「色」「形」「大きさ」など、
複数の要素を手がかりにします。

**＊色**
イメージを表現しやすいと言ってもよいのが色。緑、赤、
黄、白、茶（黒）……と系統の異なる色を多く使うと華や
かに、同系色または単色でまとめるとシックになります。
イメージに沿って選びます。

**＊形**
複数の素材やパーツを組み合わせれば、様々な形を自由自
在に作り出すことができます。味や食感だけでなく、視覚
的な驚きや楽しさをプラスさせて一皿を仕上げるようにし
ています。

**＊大きさ**
かわいらしくコンパクトにまとめたいのか、ダイナミック
に見せたいのか。イメージに沿って大きさを決めます。小
さくても大きなインパクトと満足感を与えることができま
す。

**＊飾り**
飾りのイメージが発展して、メインに考えた素材やパーツ
が飾りにも見えるデセールが生まれることも。ボーダーレ
スかつ自由な発想で一皿を作り出せるのも、アシェット・
デセールの魅力です。

**＊器**
アシェットとはフランス語で皿のこと。器からインスピレ
ーションを得ることもあり、器も素材の一つです。平大皿
や広いリムの器が表現しやすく、茶や黒の器はシャープな
印象に仕上げてくれます。

レモンのソルベとプラリネの
アイスクリーム（p128）

プラリネのアイスクリームをクネルしてのせ、
キューブ状のレモンのソルベをまとわせて
ドーム状に成形し、形に遊びを加えています。

# Technique de base 3

## ソースやクレームの描き方

ソースやクレームの描き方のパターンを紹介します。
自由にアレンジして楽しんでください。

### 細い線を描く
細い線をまっすぐに描くとシャープな印象に。
（ややかためのソースなどで）

### 太い線から細い線を描く
線の変化が動きをプラス。
（ややかためのソースなどで）

### 立体的な線を描く
線の上にパーツを盛りつけることも可能。
（ややかためのソースなどで）

### 点を描く
大中小の点が独特のリズムで楽しさを演出。
（ややかためのソースなどで）

### いろいろな色で点を描く
同じ大きさの点も多色で描けば演出力アップ。
（ややかためのソースなどで）

### 線と点を描く
丸みのある線と点で動きと立体感を出します。
（ややかためのソースなどで）

### いろいろな線を描く
近しいスタイルの線（細い線など）の
向きだけ揃え、無造作に描きます。
（ややゆるめのソースでも可）

### 無造作な点と線を描く
スプーンにソースを取って皿にスプーンを
ふりかざすようにして描きます。
（ややゆるめのソースでも可）

### 英語でメッセージを描く
描きはじめと描き終わり部分に動きを出し、
まわりにキラキラを描き添えます。
（ややかためのソースなどで）

### 日本語でメッセージを描く
文字の一部やまわりにハートや点をあしらいます。
（ややかためのソースなどで）

# Caractéristiques des parties　パーツプロフィール

## アイスクリーム

牛乳などの液体に砂糖や卵を加え、加熱殺菌して空気を含ませながら回転凍結させたもの

### カルダモンのアイスクリーム

page 09

色 —— 淡黄
触感 —— なめらか
保形性 —— あり
保存 —— 冷凍2週間
難易度 —— ★★★

### クローブのアイスクリーム

page 163

色 —— オレンジ
触感 —— なめらか
保形性 —— あり
保存 —— 冷凍7日間
難易度 —— ★★★★

### 玄米茶のアイスクリーム

page 183

色 —— 淡黄
触感 —— なめらか
保形性 —— あり
保存 —— 冷凍2週間
難易度 —— ★★★

### ココナッツアイスクリーム

page 26, 104

色 —— 白
触感 —— なめらか
保形性 —— あり
保存 —— 冷凍2週間
難易度 —— ★★★

### しょうゆとバニラのアイスクリーム

page 159

色 —— 薄茶
触感 —— なめらか
保形性 —— あり
保存 —— 冷凍2週間
難易度 —— ★★★

### ナッツとスペキュロススパイス風味のアイスクリーム

page 147

色 —— 薄茶
触感 —— なめらか＋ザクザク
保形性 —— あり
保存 —— 冷凍2週間
難易度 ★★★★

### はと麦茶のアイスクリーム

page 66

色 —— 薄茶
触感 —— なめらか
保形性 —— あり
保存 —— 冷凍2週間
難易度 —— ★★★

### バニラアイスクリーム

page 56

色 —— 淡黄
触感 —— なめらか
保形性 —— あり
保存 —— 冷凍2週間
難易度 —— ★★★

### プラリネのアイスクリーム

page 131

色 —— 茶
触感 —— なめらか
保形性 —— あり
保存 —— 冷凍2週間
難易度 —— ★★★★

### フリュイ・ルージュとタイムのアイスクリーム

page 24

色 —— 赤
触感 —— なめらか
保形性 —— あり
保存 —— 冷凍2週間
難易度 —— ★★★

### メープルシュガーとバニラのアイスクリーム

page 90

色 —— 淡黄
触感 —— なめらか
保形性 —— あり
保存 —— 冷凍2週間
難易度 —— ★★★

### ヨーグルトのアイスクリーム

page 126

色 —— 白
触感 —— なめらか
保形性 —— あり
保存 —— 冷凍2週間
難易度 —— ★★★

### ラベンダーのアイスクリーム

page 119

色 —— 淡黄
触感 —— なめらか
保形性 —— あり
保存 —— 冷凍2週間
難易度 —— ★★★

### ラム酒のアイスクリーム

page 18

色 —— 薄茶
触感 —— なめらか
保形性 —— あり
保存 —— 冷凍2週間
難易度 —— ★★★

## クレーム・ブリュレ

牛乳、生クリーム、卵黄、砂糖が主材料の濃厚な液体を蒸し焼きにし、砂糖をふりかけてキャラメリゼしたもの

※本書では砂糖をふりかけてキャラメリゼしていない場合もある

### アールグレイのクレーム・ブリュレ

page 33

色 —— 薄茶
触感 —— なめらか
保形性 —— あり
保存 —— 冷凍7日間
難易度 —— ★★★

### クレーム・ブリュレ・ショコラ

page 97

色 —— 茶
触感 —— なめらか
保形性 —— なし
保存 —— 冷蔵3日間
難易度 —— ★★★★

バナナのクレーム・ブリュレ

page 68

色 —— 薄茶＋こげ茶
触感 —— なめらか＋
　　　　パリパリ
保形性 —— あり
保存 —— 冷凍5日間
難易度 —— ★★★★

ゆずのクレーム・ブリュレ・ショコラ

page 185

色 —— 茶
触感 —— なめらか
保形性 —— なし
保存 —— 冷蔵2日間
難易度 —— ★★★

**サヴァラン**

洋酒を染み込ませたブリオッシュ生地

オレンジとチェリーのサヴァラン

page 154

色 —— ピンク
触感 —— しっとり
保形性 —— あり
保存 —— 冷蔵1日
難易度 —— ★★★★★

**シフォンケーキ**

生地にサラダ油とメレンゲを加えて作る、
気泡の目が粗いスポンジケーキ

ピスタチオのシフォンケーキ

page 61

色 —— 黄緑
触感 —— ふわふわ
保形性 —— あり
保存 —— 冷蔵2日間
難易度 —— ★★★★

**スープ**

トマトとオレンジの冷製スープ

page 125

色 —— 赤
触感 —— トロトロ
保形性 —— なし
保存 —— 冷蔵3日間
難易度 —— ★★★

**スフレ**

メレンゲがたっぷり入った生地を湯煎焼
きにしたケーキ

エスプレッソのスフレ

page 137

色 —— 薄茶
触感 —— しっとり
保形性 —— あり
保存 —— 冷蔵3日間
難易度 —— ★★★★★

ゴルゴンゾーラチーズのスフレ

page 55

色 —— 白
触感 —— しっとり
保形性 —— あり
保存 —— 冷凍2週間
難易度 —— ★★★★★

スフレ・フロマージュ

page 23

色 —— 白
触感 —— しっとり
保形性 —— あり
保存 —— 冷凍2週間
難易度 —— ★★★★★

**ソテー**

柿のソテー

page 20

色 —— 赤茶
触感 —— ねっとり
保形性 —— あり
保存 —— 冷蔵1日
難易度 —— ★★★

バナナと栗のキャラメルソテー

page 134

色 —— 赤茶
触感 —— ねっとり
保形性 —— あり
保存 —— 冷蔵1日
難易度 —— ★★★★

**ソルベ**

フルーツやリキュール、シロップを材料
に、空気を含ませながら回転凍結させた
もの

いちごとバジルのソルベ

page 72

色 —— 赤
触感 —— シャリシャリ
保形性 —— あり
保存 —— 冷凍2週間
難易度 —— ★★★

大葉と白ワインのソルベ

page 96

色 —— 白＋緑
触感 —— シャリシャリ
保形性 —— あり
保存 —— 冷凍2週間
難易度 —— ★★★

加賀棒茶と
グレープフルーツのソルベ

page 81

色 —— 薄茶
触感 —— シャリシャリ
保形性 —— あり
保存 —— 冷凍2週間
難易度 —— ★★★

グラン・マルニエのソルベ

page 97

色 —— 淡黄
触感 —— シャリシャリ
保形性 —— あり
保存 —— 冷凍2週間
難易度 —— ★★★

グリオットとローズマリーのソルベ

page 40

色 —— 赤
触感 —— シャリシャリ
保形性 —— あり
保存 —— 冷凍7日間
難易度 —— ★★★★

白桃とわさびのソルベ

page 92

色 —— ピンク
触感 —— シャリシャリ
保形性 —— あり
保存 —— 冷凍2週間
難易度 —— ★★★

ミントのソルベ

page 126

色 —— 白
触感 —— シャリシャリ
保形性 —— あり
保存 —— 冷凍2週間
難易度 —— ★★★

洋梨のソルベ

page 34

色 —— 白
触感 —— シャリシャリ
保形性 —— あり
保存 —— 冷凍2週間
難易度 —— ★★★

ライチのソルベ

page 172

色 —— 白
触感 —— シャリシャリ
保形性 —— あり
保存 —— 冷凍2週間
難易度 —— ★★★

レモンのソルベ

page 129

色 —— 淡黄
触感 —— シャリシャリ
保形性 —— あり
保存 —— 冷凍2週間
難易度 —— ★★★

**タタン**

りんごにバターとキャラメルを加えてじ
っくりとオーブンで焼いたもの

りんごのタタン

page 08

色 —— 黄金
触感 —— トロトロ
保形性 —— あり
保存 —— 冷凍2週間
難易度 —— ★★★★★

**テリーヌ・ショコラ**

溶かしたチョコレートに卵黄やバター、
砂糖などを加え、湯煎焼きにしたチョコ
レート

赤ワイン風味のテリーヌ・ショコラ

page 96

色 —— 茶
触感 —— ねっとり＋
　　　　なめらか
保形性 —— あり
保存 —— 冷蔵3日間
難易度 —— ★★★★

カフェ風味のテリーヌ・ショコラ

page 140

色 —— 茶
触感 —— ねっとり＋
　　　　なめらか
保形性 —— あり
保存 —— 冷蔵3日間
難易度 —— ★★★★

山椒風味のテリーヌ・ショコラ

page 181

色 —— 茶
触感 —— ねっとり＋
　　　　なめらか
保形性 —— あり
保存 —— 冷蔵3日間
難易度 —— ★★★★

**パン／パン・ド・ジェンヌ**

パン・ド・ジェンヌはアーモンドパウダ
ーが主材料のスポンジ生地

パン・オ・ミエル

page 114

色 —— 白＋黄金
触感 —— もちもち＋
　　　　サクサク
保形性 —— あり
保存 —— 冷蔵3日間
難易度 —— ★★★★

パン・オ・ミエルのシロップ漬け

page 115

色 —— 茶
触感 —— カリカリ
保形性 —— あり
保存 —— 冷蔵3日間
難易度 —— ★★★

パン・ド・ジェンス

page 11

色 —— 淡黄＋黄金
触感 —— しっとり
保形性 —— あり
保存 —— 冷凍3週間
難易度 —— ★★★★

| パン・ペルデュ | 抹茶のパン・ド・ジェンヌ | **フォンダン** |
|---|---|---|
| page 146 | page 185 | |
| 色 —— 茶<br>触感 —— しっとり＋<br>　　　　もちもち<br>保形性 —— あり<br>保存 —— 冷蔵3日間<br>難易度 —— ★★★★ | 色 —— 緑＋茶<br>触感 —— しっとり<br>保形性 —— あり<br>保存 —— 不可<br>難易度 —— ★★★★ | 割ると半熟ソースが溶け出るやわらかな生地 |

| 栗のフォンダン | ラベンダー風味の<br>フォンダン・ショコラ | **マリネ** |
|---|---|---|
| page 176 | page 119 | |
| 色 —— 薄茶<br>触感 —— トロトロ＋<br>　　　　サクサク<br>保形性 —— あり<br>保存 —— 不可<br>難易度 —— ★★★★ | 色 —— 茶<br>触感 —— しっとり＋<br>　　　　サクサク<br>保形性 —— あり<br>保存 —— 不可<br>難易度 —— ★★★★ | フルーツの果肉を果汁やピュレ、ハーブなどであえたもの |

| メロンのマリネ | **ムース** | アボカドのムース |
|---|---|---|
| page 79 | | page 157 |
| 色 —— 薄緑<br>触感 —— トロトロ<br>保形性 —— あり<br>保存 —— 冷蔵2日間<br>難易度 —— ★ | ゼラチン入りのフルーツピュレやガナッシュに泡立てた生クリームやメレンゲを加え、軽い食感に仕上げてかためたもの | 色 —— 薄緑<br>触感 —— なめらか<br>保形性 —— なし<br>保存 —— 冷蔵1日<br>難易度 —— ★★★ |

| アマレットのムース | カシスムース | カモミールのムース |
|---|---|---|
| page 138 | page 178 | page 49 |
| 色 —— 薄茶＋茶<br>触感 —— なめらか＋<br>　　　　サクサク<br>保形性 —— あり<br>保存 —— 冷凍2週間<br>難易度 —— ★★★★ | 色 —— ピンク<br>触感 —— なめらか<br>保形性 —— あり<br>保存 —— 冷凍2週間<br>難易度 —— ★★★★ | 色 —— 淡黄<br>触感 —— なめらか<br>保形性 —— あり<br>保存 —— 冷凍2週間<br>難易度 —— ★★★ |

| ココナッツムース | ショコラ・ブランのムース | ショコラ・ブランのムース |
|---|---|---|
| page 107 | page 39 | page 164 |
| 色 —— 白、茶<br>触感 —— なめらか<br>保形性 —— あり<br>保存 —— 冷凍7日間<br>難易度 —— ★★★★★ | 色 —— 白<br>触感 —— なめらか<br>保形性 —— あり<br>保存 —— 冷凍7日間<br>難易度 —— ★★★ | 色 —— オレンジ<br>触感 —— なめらか<br>保形性 —— あり<br>保存 —— 冷蔵3日間<br>難易度 —— ★★★★★ |

| 白ワインのムース | チーズのムース | にんじんのムース |
|---|---|---|
| page 47 | page 53 | page 170 |
| 色 —— 白<br>触感 —— なめらか<br>保形性 —— あり<br>保存 —— 冷凍2週間<br>難易度 —— ★★★★ | 色 —— 白<br>触感 —— なめらか<br>保形性 —— あり<br>保存 —— 冷凍2週間<br>難易度 —— ★★★ | 色 —— 薄オレンジ<br>触感 —— なめらか<br>保形性 —— あり<br>保存 —— 冷凍7日間<br>難易度 —— ★★★ |

| はちみつのムース | マスカルポーネチーズのムース | マロンムース |
|---|---|---|
| page 111 | page 73 | page 177 |
| 色 —— 淡黄<br>触感 —— なめらか<br>保形性 —— あり<br>保存 —— 冷凍3日間<br>難易度 —— ★★★ | 色 —— 白<br>触感 —— なめらか<br>保形性 —— あり<br>保存 —— 冷凍7日間<br>難易度 —— ★★★ | 色 —— 薄茶<br>触感 —— なめらか<br>保形性 —— あり<br>保存 —— 冷凍7日間<br>難易度 —— ★★★ |
| メロンのムース | 洋梨のムース | ライムのムース |
| page 77 | page 36 | page 87 |
| 色 —— 白<br>触感 —— トロトロ<br>保形性 —— なし<br>保存 —— 冷蔵2日間<br>難易度 —— ★★★ | 色 —— 白<br>触感 —— なめらか<br>保形性 —— あり<br>保存 —— 冷凍2週間<br>難易度 —— ★★★ | 色 —— 白<br>触感 —— なめらか<br>保形性 —— あり<br>保存 —— 冷凍2週間<br>難易度 —— ★★★ |
| ラベンダー風味のショコラのムース | レモングラスのムース | **ロティ** |
| page 120 | page 132 | フルーツの果肉などをオーブンで焼いたもの |
| 色 —— 薄茶<br>触感 —— なめらか<br>保形性 —— あり<br>保存 —— 冷凍2週間<br>難易度 —— ★★★ | 色 —— 淡黄<br>触感 —— なめらか<br>保形性 —— あり<br>保存 —— 冷凍2週間<br>難易度 —— ★★★ | |
| いちじくのロティ | 黄桃のロティ | |
| page 144 | page 165 | **わらびもち** |
| 色 —— 茶<br>触感 —— しっとり＋<br>　　　　ジューシー<br>保形性 —— あり<br>保存 —— 冷蔵1日<br>難易度 —— ★★★★ | 色 —— 黄＋茶<br>触感 —— しっとり＋<br>　　　　ジューシー<br>保形性 —— あり<br>保存 —— 冷蔵3日間<br>難易度 —— ★★★★ | |
| グレープフルーツのわらびもち | **泡／エキス** | いちごの泡 |
| page 81 | | page 73 |
| 色 —— ピンク<br>触感 —— もちもち<br>保形性 —— あり<br>保存 —— 冷蔵1日<br>難易度 —— ★★★★ | | 色 —— 薄ピンク<br>触感 —— ふわふわ<br>保形性 —— なし<br>保存 —— 冷凍2週間<br>　　　　（泡立て前）<br>難易度 —— ★★★ |
| カフェ・ラ・テの泡 | しょうがの泡 | 白桃とフランボワーズの泡 |
| page 138 | page 125 | page 90 |
| 色 —— 薄茶<br>触感 —— ふわふわ<br>保形性 —— なし<br>保存 —— 冷凍2週間<br>　　　　（泡立て前）<br>難易度 —— ★★★ | 色 —— 白<br>触感 —— ふわふわ<br>保形性 —— なし<br>保存 —— 冷凍2週間<br>　　　　（泡立て前）<br>難易度 —— ★★★ | 色 —— ピンク<br>触感 —— ふわふわ<br>保形性 —— なし<br>保存 —— 冷凍2週間<br>　　　　（泡立て前）<br>難易度 —— ★★★ |

バニラエキス

page 53

色 —— 茶
触感 —— さらさら
保形性 —— なし
保存 —— 冷蔵60日間
難易度 —— ★

抹茶の泡

page 78

色 —— 薄緑
触感 —— ふわふわ
保形性 —— なし
保存 —— 冷蔵2日間
　　　　（泡立て前）
難易度 —— ★★★

ミントの泡

page 84

色 —— 白
触感 —— ふわふわ
保形性 —— なし
保存 —— 冷凍2週間
　　　　（泡立て前）
難易度 —— ★★★

ラベンダーエキス

page 118

色 —— 赤茶
触感 —— さらさら
保形性 —— なし
保存 —— 冷蔵70日間
難易度 —— ★

ローズマリーの泡

page 41

色 —— 白
触感 —— ふわふわ
保形性 —— なし
保存 —— 冷凍2週間
　　　　（泡立て前）
難易度 —— ★★★

**ガナッシュ**

ショコラに生クリーム、バター、牛乳などを混ぜ合わせて乳化させたもの

ラベンダー風味のガナッシュ

page 118

色 —— 茶
触感 —— なめらか
保形性 —— あり
保存 —— 冷蔵5日間
難易度 —— ★★★

**カフェ・ブララン**

煮詰めた糖液にアーモンドを入れてからめ、冷まして細かく砕いたもの
※本書ではアーモンドパウダーを使用

カフェ・ブララン

page 139

色 —— 薄茶
触感 —— サクサク
保形性 —— なし
保存 —— 常温5日間
難易度 —— ★★★★

**生地**

カダイフ
（とうもろこし粉と小麦粉、
　塩を主材料にした極細の麺状の生地）
page 105

色 —— 黄金
触感 —— サクサク
保形性 —— あり
保存 —— 常温2日間
難易度 —— ★★★

シナモンとバニラと竹炭のクレープ

page 54

色 —— 茶
触感 —— しっとり
保形性 —— あり
保存 —— 冷蔵1日
難易度 —— ★★★★

しょうがのビスキュイ・ジョコンド
（アーモンドパウダーを使ったスポンジ生地）
page 158

色 —— 淡黄
触感 —— しっとり
保形性 —— あり
保存 —— 冷蔵2日間
難易度 —— ★★★★

ビスキュイ・ショコラ・サン・ファリーヌ
（小麦粉を使用しないショコラの生地）
page 99

色 —— こげ茶
触感 —— しっとり
保形性 —— あり
保存 —— 冷凍3週間
難易度 —— ★★★★★

フイユタージュ・アンヴェルセ
（逆折り込み生地）
page 12，15

色 —— 黄金
触感 —— ホロホロ
保形性 —— あり
保存 —— 常温1日
難易度 —— ★★★★★

**キャラメル／キャラメリゼ**

キャラメリゼは砂糖をキャラメル状にすること
※本書では液糖を煮詰め、砂糖を再結晶化させたのち、キャラメル状にしている場合もある

アーモンドのキャラメリゼ

page 166

色 —— 茶
触感 —— カリカリ
保形性 —— あり
保存 —— 常温7日間
難易度 —— ★★★★

キャラメル

page 66

色 —— 茶
触感 —— ねっとり＋
　　　　なめらか
保形性 —— あり
保存 —— 冷凍2週間
難易度 —— ★★★★

| | | |
|---|---|---|
| キャラメル<br><br>page 95<br><br>色 —— 茶<br>触感 —— トロトロ<br>保形性 —— なし<br>保存 —— 冷凍2週間<br>難易度 —— ★★★★ | バナナのキャラメリゼ<br><br>page 17<br><br>色 —— 薄茶＋こげ茶<br>触感 —— ねっとり＋<br>　　　　カリカリ<br>保形性 —— あり<br>保存 —— 冷蔵1日<br>難易度 —— ★★★★ | バナナのキャラメリゼ<br><br>page 67<br><br>色 —— 薄茶＋こげ茶<br>触感 —— ねっとり＋<br>　　　　カリカリ<br>保形性 —— あり<br>保存 —— 冷蔵1日<br>難易度 —— ★★★★ |
| りんごのキャラメリゼ<br><br>page 98<br><br>色 —— 茶<br>触感 —— ねっとり<br>保形性 —— あり<br>保存 —— 冷蔵3日間<br>難易度 —— ★★★★ | **クランブル**<br><br>そぼろ状に焼いたクッキー生地 | ショコラとカフェのクランブル<br><br>page 121<br><br>色 —— こげ茶<br>触感 —— カリカリ<br>保形性 —— あり<br>保存 —— 常温5日間<br>難易度 —— ★★★  |
| ショコラのクランブル<br><br>page 100<br><br>色 —— こげ茶<br>触感 —— カリカリ<br>保形性 —— あり<br>保存 —— 常温7日間<br>難易度 —— ★★★ | スペキュロススパイスのクランブル<br><br>page 145<br><br>色 —— 茶<br>触感 —— カリカリ<br>保形性 —— あり<br>保存 —— 常温5日間<br>難易度 —— ★★★  | バニラのクランブル<br><br>page 28<br><br>色 —— 黄金<br>触感 —— カリカリ<br>保形性 —— あり<br>保存 —— 常温7日間<br>難易度 —— ★★★  |
| **クリスタリゼ**<br><br>砂糖を結晶化させて付着させたもの | アーモンドのクリスタリゼ<br><br>page 133<br><br>色 —— 薄茶<br>触感 —— カリカリ<br>保形性 —— あり<br>保存 —— 常温7日間<br>難易度 —— ★★★★ | オレンジのクリスタリゼ<br><br>page 159<br><br>色 —— オレンジ<br>触感 —— しっとり＋<br>　　　　カリカリ<br>保形性 —— あり<br>保存 —— 常温7日間<br>難易度 —— ★★★★ |
| グレープフルーツの皮のクリスタリゼ<br><br>page 82<br><br>色 —— 黄<br>触感 —— しっとり＋<br>　　　　カリカリ<br>保形性 —— あり<br>保存 —— 常温7日間<br>難易度 —— ★★★★  | しょうがのクリスタリゼ<br><br>page 160<br><br>色 —— 黄金<br>触感 —— しっとり＋<br>　　　　カリカリ<br>保形性 —— あり<br>保存 —— 常温7日間<br>難易度 —— ★★★★  | ナッツ3種のクリスタリゼ<br><br>page 144<br><br>色 —— 黄金<br>触感 —— カリカリ<br>保形性 —— あり<br>保存 —— 常温7日間<br>難易度 —— ★★★★  |
| 松の実のクリスタリゼ<br><br>page 166<br><br>色 —— 黄金<br>触感 —— カリカリ<br>保形性 —— あり<br>保存 —— 常温7日間<br>難易度 —— ★★★★  | ゆずの皮のクリスタリゼ<br><br>page 184<br><br>色 —— 黄<br>触感 —— しっとり＋<br>　　　　カリカリ<br>保形性 —— あり<br>保存 —— 常温7日間<br>難易度 —— ★★★★  | **クリーム** |

| グリオットのクリーム | タイム風味のチーズクリーム | 発酵乳のクリーム |
|---|---|---|
| page 27 | page 24 | page 114 |
| 色 ── ピンク<br>触感 ── トロトロ<br>保形性 ── なし<br>保存 ── 冷蔵2日間<br>難易度 ── ★★★ | 色 ── 白<br>触感 ── トロトロ<br>保形性 ── なし<br>保存 ── 冷蔵3日間<br>難易度 ── ★★★★ | 色 ── 白<br>触感 ── トロトロ<br>保形性 ── なし<br>保存 ── 冷蔵1日<br>難易度 ── ★★★ |
| ピスタチオクリーム | フロマージュ・ブランのクリーム | マスカルポーネチーズのクリーム |
| page 65 | page 74 | page 129 |
| 色 ── 薄緑<br>触感 ── トロトロ<br>保形性 ── なし<br>保存 ── 冷蔵2日間<br>難易度 ── ★★ | 色 ── 白<br>触感 ── トロトロ<br>保形性 ── なし<br>保存 ── 冷蔵2日間<br>難易度 ── ★★ | 色 ── 白<br>触感 ── トロトロ<br>保形性 ── なし<br>保存 ── 冷蔵1日<br>難易度 ── ★★ |
| マロンクリーム | マンゴークリーム | レモンクリーム |
| page 176 | page 105 | page 26 |
| 色 ── 薄茶<br>触感 ── トロトロ<br>保形性 ── なし<br>保存 ── 冷凍2週間<br>難易度 ── ★★ | 色 ── 黄<br>触感 ── トロトロ<br>保形性 ── なし<br>保存 ── 冷蔵2日間<br>難易度 ── ★★ | 色 ── 淡黄<br>触感 ── トロトロ<br>保形性 ── なし<br>保存 ── 冷蔵1日<br>難易度 ── ★★ |

**クレーム・アングレーズ**

牛乳、砂糖、卵黄、バニラなどを82℃まで加熱してとろみをつけたクリーム

クレーム・アングレーズ

page 130、181

色 ── 淡黄
触感 ── トロトロ
保形性 ── なし
保存 ── 冷蔵2日間
難易度 ── ★★★

**クレーム・シャンティイ／
クレーム・フェッテ**

クレーム・シャンティイは砂糖を加えて泡立てた生クリーム、クレーム・フェッテは砂糖を使用しない生クリーム

| バニラ風味のクレーム・シャンティイ | マロン風味のクレーム・フェッテ | ライチ風味のクレーム・フェッテ |
|---|---|---|
| page 91 | page 175 | page 170 |
| 色 ── 白<br>触感 ── ふわふわ＋<br>　　　　なめらか<br>保形性 ── なし<br>保存 ── 冷蔵2日間<br>難易度 ── ★★ | 色 ── 白<br>触感 ── ふわふわ<br>保形性 ── なし<br>保存 ── 冷蔵1日<br>難易度 ── ★★ | 色 ── 白<br>触感 ── ふわふわ<br>保形性 ── なし<br>保存 ── 冷蔵1日<br>難易度 ── ★★ |

ラム酒風味のクレーム・フェッテ

page 17

色 ── 白
触感 ── ふわふわ
保形性 ── なし
保存 ── 冷蔵2日間
難易度 ── ★★

**クレーム・パティシエール**

牛乳、砂糖、卵黄、バニラ、小麦粉を混ぜ合わせて沸騰直前まで加熱し、でんぷんを粘化させたクリーム

キャラメル風味の
クレーム・パティシエール
page 67

色 ── 薄茶
触感 ── フルフル
保形性 ── なし
保存 ── 冷蔵2日間
難易度 ── ★★★★

| クレーム・パティシエール | タタン風味の<br>クレーム・パティシエール | ローズマリー風味の<br>クレーム・パティシエール |
|---|---|---|
| page 10 | page 10 | page 176 |
| 色 —— 淡黄<br>触感 —— フルフル<br>保形性 —— なし<br>保存 —— 冷蔵2日間<br>難易度 —— ★★★★  | 色 —— 薄茶<br>触感 —— フルフル<br>保形性 —— なし<br>保存 —— 冷蔵2日間<br>難易度 —— ★★★★★  | 色 —— 淡黄<br>触感 —— フルフル<br>保形性 —— なし<br>保存 —— 冷蔵7日間<br>難易度 —— ★★★★  |
| **クレーム・ムスリーヌ**<br><br>クレーム・パティシエールに、空気を含ませたクリーム状のバターを合わせたクリーム | クレーム・ムスリーヌ<br><br>page 19<br><br>色 —— 淡黄<br>触感 —— ふわふわ＋<br>　　　　なめらか<br>保形性 —— あり<br>保存 —— 冷蔵1日<br>難易度 —— ★★★★  | **燻製アーモンド** |
| 燻製アーモンド<br><br>page 12<br><br>色 —— 茶<br>触感 —— カリカリ<br>保形性 —— あり<br>保存 —— 常温7日間<br>難易度 —— ★★★★  | **コンフィチュール**<br><br>フルーツの果肉、果汁、あるいは両方に砂糖を加えて煮詰めたもの | アプリコットとオレンジの<br>コンフィチュール<br>page 27<br><br>色 —— オレンジ<br>触感 —— トロトロ<br>保形性 —— なし<br>保存 —— 冷蔵7日間<br>難易度 —— ★★★  |
| いちごのコンフィチュール<br><br>page 72<br><br>色 —— 赤<br>触感 —— トロトロ<br>保形性 —— なし<br>保存 —— 冷蔵7日間<br>難易度 —— ★★★  | いちじくと大納言のコンフィチュール<br><br>page 143<br><br>色 —— 茶<br>触感 —— トロトロ<br>保形性 —— なし<br>保存 —— 冷凍2週間<br>難易度 —— ★★★  | 黄桃とアプリコットのコンフィチュール<br><br>page 163<br><br>色 —— オレンジ<br>触感 —— トロトロ<br>保形性 —— なし<br>保存 —— 冷蔵7日間<br>難易度 —— ★★★  |
| オレンジのコンフィチュール<br><br>page 157<br><br>色 —— オレンジ<br>触感 —— トロトロ<br>保形性 —— なし<br>保存 —— 冷凍2週間<br>難易度 —— ★★★  | グリオットのコンフィチュール<br><br>page 40<br><br>色 —— 赤<br>触感 —— トロトロ<br>保形性 —— なし<br>保存 —— 冷蔵7日間<br>難易度 —— ★★★  | 白桃、ライム、バニラの<br>コンフィチュール<br>page 88<br><br>色 —— ピンク<br>触感 —— トロトロ<br>保形性 —— なし<br>保存 —— 冷蔵7日間<br>難易度 —— ★★★  |
| パプリカのコンフィチュール<br><br>page 171<br><br>色 —— 赤<br>触感 —— トロトロ<br>保形性 —— なし<br>保存 —— 冷凍2週間<br>難易度 —— ★★★  | マンゴーのコンフィチュール<br><br>page 104<br><br>色 —— オレンジ<br>触感 —— トロトロ<br>保形性 —— なし<br>保存 —— 冷凍2週間<br>難易度 —— ★★★  | みかんのコンフィチュール<br><br>page 46<br><br>色 —— オレンジ<br>触感 —— トロトロ<br>保形性 —— なし<br>保存 —— 冷蔵5日間<br>難易度 —— ★★★  |

| | | |
|---|---|---|
| **ゆずのコンフィチュール**<br><br>page 181<br><br>色 —— 黄<br>触感 —— トロトロ<br>保形性 —— なし<br>保存 —— 冷蔵5日間<br>難易度 —— ★★★ | **洋梨とバニラとオリーブの<br>コンフィチュール**<br>page 35<br><br>色 —— 白+緑<br>触感 —— トロトロ<br>保形性 —— なし<br>保存 —— 冷蔵7日間<br>難易度 —— ★★★ | **レモンのコンフィチュール**<br><br>page 58<br><br>色 —— オレンジ<br>触感 —— トロトロ<br>保形性 —— なし<br>保存 —— 冷蔵5日間<br>難易度 —— ★★★ |
| **コンポート**<br><br>フルーツをシロップでさっと煮たもの | **いちじくのコンポート**<br><br>page 57<br><br>色 —— 茶<br>触感 —— しっとり<br>保形性 —— あり<br>保存 —— 冷蔵7日間<br>難易度 —— ★★ | **グリオットのコンポート**<br><br>page 25<br><br>色 —— 赤<br>触感 —— しっとり<br>保形性 —— あり<br>保存 —— 冷蔵3日間<br>難易度 —— ★★ |
| **ぶどうのコンポート**<br><br>page 112<br><br>色 —— 赤紫<br>触感 —— しっとり<br>保形性 —— あり<br>保存 —— 冷蔵5日間<br>難易度 —— ★★ | **みかんのコンポート**<br><br>page 45<br><br>色 —— オレンジ<br>触感 —— しっとり<br>保形性 —— あり<br>保存 —— 冷蔵3日間<br>難易度 —— ★★ | **洋梨のコンポート**<br><br>page 35<br><br>色 —— 白<br>触感 —— しっとり<br>保形性 —— あり<br>保存 —— 冷蔵5日間<br>難易度 —— ★★ |
| **リュバーブと赤ワインのコンポート**<br><br>page 95<br><br>色 —— 赤<br>触感 —— しっとり<br>保形性 —— あり<br>保存 —— 冷蔵3日間<br>難易度 —— ★★ | **リュバーブのコンポート**<br><br>page 171<br><br>色 —— 薄オレンジ<br>触感 —— しっとり<br>保形性 —— あり<br>保存 —— 冷蔵3日間<br>難易度 —— ★★ | **りんごのコンポート**<br><br>page 07<br><br>色 —— 淡黄+こげ茶<br>触感 —— しっとり<br>保形性 —— あり<br>保存 —— 冷蔵5日間<br>難易度 —— ★★ |
| **レモンのコンポート**<br><br>page 129<br><br>色 —— 淡黄<br>触感 —— しっとり<br>保形性 —— なし<br>保存 —— 冷凍2週間<br>難易度 —— ★★ | **砂糖漬け**<br><br>砂糖を付着させ、乾燥させて細かく砕いたもの | **赤紫蘇の砂糖漬け**<br><br>page 39<br><br>色 —— 緑+白<br>触感 —— さらさら<br>保形性 —— なし<br>保存 —— 常温7日間<br>難易度 —— ★★ |
| **エディブルフラワーの砂糖漬け**<br><br>page 48<br><br>色 —— ピンク+白<br>触感 —— さらさら<br>保形性 —— なし<br>保存 —— 常温7日間<br>難易度 —— ★★ | **大葉の砂糖漬け**<br><br>page 101<br><br>色 —— 緑+白<br>触感 —— さらさら<br>保形性 —— なし<br>保存 —— 常温7日間<br>難易度 —— ★★ | **バジルの砂糖漬け**<br><br>page 74<br><br>色 —— 緑+白<br>触感 —— さらさら<br>保形性 —— なし<br>保存 —— 常温7日間<br>難易度 —— ★★ |

| ミントの砂糖漬け | わさびの砂糖漬け | |
|---|---|---|
| page 30 | page 91 | **シガール** |
| | | 小麦粉、バター、砂糖、卵で作った生地を焼いたあと楕円形に巻いたもの |
| 色 —— 緑+白<br>触感 —— さらさら<br>保形性 —— なし<br>保存 —— 常温2週間<br>難易度 —— ★★ | 色 —— 白<br>触感 —— さらさら<br>保形性 —— なし<br>保存 —— 常温10日間<br>難易度 —— ★★ | |

| シガール | **シブースト・ショコラ** | シブースト・ショコラ |
|---|---|---|
| page 112 | クレーム・パティシエールではなく、クレーム・ブリュレ・ショコラをイタリアンメレンゲと混ぜ合わせたクレーム・シブースト | page 99 |
| 色 —— 黄金<br>触感 —— サクサク<br>保形性 —— あり<br>保存 —— 常温5日間<br>難易度 —— ★★★★ | | 色 —— 薄茶<br>触感 —— なめらか+<br>　　　　ふわふわ<br>保形性 —— なし<br>保存 —— 冷蔵1日<br>難易度 —— ★★★★ |

| **シュガー／スパイス／パウダー** | ココナッツオイルパウダー | スペキュロススパイス |
|---|---|---|
| | page 104 | page 145 |
| | 色 —— 白<br>触感 —— さらさら<br>保形性 —— なし<br>保存 —— 冷蔵7日間<br>難易度 —— ★★★ | 色 —— 茶<br>触感 —— さらさら<br>保形性 —— なし<br>保存 —— 常温で各スパイスの賞味期限まで<br>難易度 —— ★ |

| ラベンダーシュガー | **ジュレ** | オレンジのジュレ |
|---|---|---|
| page 118 | ゼリー状に仕上げたもの | page 152 |
| 色 —— 白<br>触感 —— さらさら<br>保形性 —— なし<br>保存 —— 常温30日間<br>難易度 —— ★ | | 色 —— 黄<br>触感 —— つるつる<br>保形性 —— あり<br>保存 —— 冷蔵3日間<br>難易度 —— ★★ |

| グレープフルーツのジュレ | ミントのジュレ | メロンのジュレ |
|---|---|---|
| page 83 | page 84 | page 77 |
| 色 —— ピンク<br>触感 —— つるつる<br>保形性 —— あり<br>保存 —— 冷凍2日間<br>難易度 —— ★★ | 色 —— 淡黄<br>触感 —— つるつる<br>保形性 —— なし<br>保存 —— 冷蔵3日間<br>難易度 —— ★★ | 色 —— 薄緑<br>触感 —— つるつる<br>保形性 —— なし<br>保存 —— 冷蔵2日間<br>難易度 —— ★★ |

| **ショコラのパーツ** | ショコラの板状パーツ | ショコラのパーツ |
|---|---|---|
| | page 50 | page 148 |
| | 色 —— こげ茶<br>触感 —— パリパリ<br>保形性 —— あり<br>保存 —— 冷暗所2週間<br>難易度 —— ★★★ | 色 —— 茶<br>触感 —— パリパリ<br>保形性 —— あり<br>保存 —— 冷蔵7日間<br>難易度 —— ★★★ |

| | | |
|---|---|---|
| ショコラ・ブランのモールド<br><br>page 106<br><br>色 —— オレンジ<br>触感 —— パリパリ<br>保形性 —— あり<br>保存 —— 冷蔵5日間<br>難易度 —— ★★★★★ | **シロップ／マリネ液** | オレンジのシロップ<br><br>page 153<br><br>色 —— 黄<br>触感 —— さらさら<br>保形性 —— なし<br>保存 —— 冷蔵3日間<br>難易度 —— ★★ |
| カフェ・シロップ<br><br>page 137<br><br>色 —— こげ茶<br>触感 —— さらさら<br>保形性 —— なし<br>保存 —— 冷蔵3日間<br>難易度 —— ★ | 白桃マリネ液<br><br>page 89<br><br>色 —— ピンク<br>触感 —— さらさら<br>保形性 —— なし<br>保存 —— 冷蔵3日間<br>難易度 —— ★ | **スフェリフィケーション**<br><br>膜状のゼラチンに液体を閉じ込めたもの |
| カシスのスフェリフィケーション<br><br>page 56<br><br>色 —— 赤<br>触感 —— つるつる<br>保形性 —— あり<br>保存 —— 冷蔵1日<br>難易度 —— ★★★★ | ベルガモットのスフェリフィケーション<br><br>page 48<br><br>色 —— 淡黄<br>触感 —— つるつる<br>保形性 —— あり<br>保存 —— 冷蔵1日<br>難易度 —— ★★★★ | **セミドライグレープフルーツ** |
| セミドライグレープフルーツ<br><br>page 82<br><br>色 —— 淡黄<br>触感 —— シャリシャリ<br>　　　　+しっとり<br>保形性 —— あり<br>保存 —— 常温3日間<br>難易度 —— ★★★★ | **ソース** | 赤紫蘇のソース<br><br>page 42<br><br>色 —— 赤<br>触感 —— トロトロ<br>保形性 —— なし<br>保存 —— 冷蔵5日間<br>難易度 —— ★★ |
| 赤ワインのソース<br><br>page 131<br><br>色 —— 赤<br>触感 —— トロトロ<br>保形性 —— なし<br>保存 —— 冷蔵7日間<br>難易度 —— ★★ | いちじくと赤ワインのソース<br><br>page 143<br><br>色 —— 赤<br>触感 —— トロトロ<br>保形性 —— なし<br>保存 —— 冷蔵7日間<br>難易度 —— ★★ | エスプレッソソース<br><br>page 139<br><br>色 —— こげ茶<br>触感 —— トロトロ<br>保形性 —— なし<br>保存 —— 冷蔵3日間<br>難易度 —— ★★ |
| カシスソース<br><br>page 122<br><br>色 —— 赤<br>触感 —— トロトロ<br>保形性 —— なし<br>保存 —— 冷蔵3日間<br>難易度 —— ★★ | かぼちゃのソース<br><br>page 177<br><br>色 —— オレンジ<br>触感 —— トロトロ<br>保形性 —— なし<br>保存 —— 冷凍2週間<br>難易度 —— ★★ | しょうがとパッションのソース<br><br>page 167<br><br>色 —— 黄<br>触感 —— トロトロ<br>保形性 —— なし<br>保存 —— 冷凍2週間<br>難易度 —— ★★★ |

トマトとフランボワーズのソース

page 125

色 —— 赤
触感 —— トロトロ
保形性 —— なし
保存 —— 冷蔵3日間
難易度 —— ★★

にんじんとフランボワーズのソース

page 172

色 —— オレンジ
触感 —— トロトロ
保形性 —— なし
保存 —— 冷蔵5日間
難易度 —— ★★

濃縮りんごソース

page 07

色 —— 黄金
触感 —— トロトロ
保形性 —— なし
保存 —— 冷蔵3日間
難易度 —— ★★★

はちみつとオリーブオイルのソース

page 36

色 —— 黄
触感 —— トロトロ
保形性 —— なし
保存 —— 冷蔵7日間
難易度 —— ★★

はっさくのソース

page 151

色 —— 白
触感 —— さらさら
保形性 —— なし
保存 —— 冷蔵3日間
難易度 —— ★★

ブランデーとゆずのソース

page 183

色 —— 黄金
触感 —— さらさら
保形性 —— なし
保存 —— 冷凍2週間
難易度 —— ★★

フランボワーズと白桃、ライム、
バニラのソース
page 88

色 —— 赤
触感 —— トロトロ
保形性 —— なし
保存 —— 冷蔵3日間
難易度 —— ★★

抹茶のソース

page 78

色 —— 緑
触感 —— トロトロ
保形性 —— なし
保存 —— 冷蔵2日間
難易度 —— ★★

マンゴーとフランボワーズのソース

page 108

色 —— 赤
触感 —— トロトロ
保形性 —— なし
保存 —— 冷蔵3日間
難易度 —— ★★

ミードのサバイヨン
（卵黄と砂糖、白ワインを混ぜて
　泡立てながら加熱したソース）
page 115

色 —— 淡黄
触感 —— トロトロ
保形性 —— なし
保存 —— 冷蔵1日
難易度 —— ★★

野菜とフルーツのソース

page 171

色 —— 赤
触感 —— トロトロ
保形性 —— なし
保存 —— 冷凍2週間
難易度 —— ★★

ヨーグルトソース

page 45

色 —— 白
触感 —— トロトロ
保形性 —— なし
保存 —— 冷蔵2日間
難易度 —— ★

ラム酒のソース

page 61

色 —— 黄金
触感 —— トロトロ
保形性 —— なし
保存 —— 冷蔵7日間
難易度 —— ★

**ダックワーズ**

泡立てた卵白にアーモンドパウダー、小
麦粉、砂糖を加えて焼いたもの

ダックワーズ

page 132、137

色 —— 黄金
触感 —— サクサク
保形性 —— あり
保存 —— 常温7日間
難易度 —— ★★★★

**チップス**

さつまいものチップス

page 178

色 —— 黄金
触感 —— パリパリ
保形性 —— あり
保存 —— 常温3日間
難易度 —— ★★

**チュイール**

ペーストやピュレなどに小麦粉や砂糖を
加えた生地を薄くのばし、低温で焼いた
もの

| 枝豆のチュイール | 黄桃のチュイール | カカオのチュイール |
|---|---|---|
| page 69 | page 164 | page 122 |
| 色 —— 黄緑<br>触感 —— パリパリ<br>保形性 —— あり<br>保存 —— 常温3日間<br>難易度 —— ★★★★ | 色 —— 黄<br>触感 —— パリパリ<br>保形性 —— あり<br>保存 —— 常温3日間<br>難易度 —— ★★★★ | 色 —— こげ茶<br>触感 —— パリパリ<br>保形性 —— あり<br>保存 —— 常温1日<br>難易度 —— ★★★ |

| 木の葉のチュイール | チュイール | 発酵乳のチュイール |
|---|---|---|
| page 18 | page 160 | page 113 |
| 色 —— オレンジ<br>触感 —— パリパリ<br>保形性 —— あり<br>保存 —— 常温4日間<br>難易度 —— ★★★★ | 色 —— 黄金<br>触感 —— パリパリ<br>保形性 —— あり<br>保存 —— 常温5日間<br>難易度 —— ★★★ | 色 —— 白<br>触感 —— パリパリ<br>保形性 —— あり<br>保存 —— 常温3日間<br>難易度 —— ★★★★ |

| フランボワーズのチュイール | **糖衣がけ** | カカオニブの糖衣がけ |
|---|---|---|
| page 87 | 砂糖を溶かして付着させ、再結晶化させたもの | page 98 |
| 色 —— 赤<br>触感 —— パリパリ<br>保形性 —— あり<br>保存 —— 常温7日間<br>難易度 —— ★★★ | | 色 —— 茶<br>触感 —— サクサク<br>保形性 —— あり<br>保存 —— 常温7日間<br>難易度 —— ★★★ |

| クランベリーの糖衣がけ | マンゴーの糖衣がけ | **ナパージュ** |
|---|---|---|
| page 29 | page 108 | つや出し液 |
| 色 —— 赤<br>触感 —— サクサク<br>保形性 —— あり<br>保存 —— 常温2週間<br>難易度 —— ★★★ | 色 —— オレンジ<br>触感 —— サクサク<br>保形性 —— あり<br>保存 —— 常温7日間<br>難易度 —— ★★★ | |

| 白桃のナパージュ | みかんのナパージュ | りんごとレモンのナパージュ |
|---|---|---|
| page 89 | page 45 | page 164 |
| 色 —— ピンク<br>触感 —— トロトロ<br>保形性 —— なし<br>保存 —— 冷蔵3日間<br>難易度 —— ★★ | 色 —— 黄金<br>触感 —— トロトロ<br>保形性 —— なし<br>保存 —— 冷凍2週間<br>難易度 —— ★★ | 色 —— 淡黄<br>触感 —— トロトロ<br>保形性 —— なし<br>保存 —— 冷蔵3日間<br>難易度 —— ★★ |

| **ヌガー** | ヌガー | **パート・ド・フリュイ** |
|---|---|---|
| 刻んだアーモンドに糖液をからめ、オーブンでキャラメル状に焼いたもの<br>※本書ではヘーゼルナッツを使用 | page 140 | フルーツのピュレを砂糖、ペクチン、クエン酸などの酸と合わせて煮詰め、ゼリー状にしたもの |
| | 色 —— 茶<br>触感 —— パリパリ<br>保形性 —— あり<br>保存 —— 常温5日間<br>難易度 —— ★★★★ | |

| オレンジとゆずのパート・ド・フリュイ | オレンジのジュレとグレープフルーツの<br>パート・ド・フリュイのパーツ | グレープフルーツの<br>パート・ド・フリュイ |
|---|---|---|
| page 182 | page 153 | page 152 |
| 色 —— 黄<br>触感 —— つるつる<br>保形性 —— あり<br>保存 —— 常温5日間<br>難易度 —— ★★★  | 色 —— 黄+淡黄<br>触感 —— つるつる<br>保形性 —— あり<br>保存 —— 冷蔵2日間<br>難易度 —— ★★★★ | 色 —— 淡黄<br>触感 —— つるつる<br>保形性 —— あり<br>保存 —— 常温7日間<br>難易度 —— ★★★★  |
| フランボワーズとゆずの<br>パート・ド・フリュイ | ベルガモットのパート・ド・フリュイ | **発酵乳** |
| page 182 | page 46 | |
| 色 —— 赤<br>触感 —— つるつる<br>保形性 —— あり<br>保存 —— 常温5日間<br>難易度 —— ★★★★  | 色 —— 黄<br>触感 —— つるつる<br>保形性 —— あり<br>保存 —— 常温5日間<br>難易度 —— ★★★★  | 天然酵母を牛乳やヨーグルトに入れ、乳酸菌発酵をさせたもの |
| 発酵乳 | **ピュレ** | りんごのピュレ |
| page 113 | | page 08 |
| 色 —— 白<br>触感 —— さらさら<br>保形性 —— なし<br>保存 —— 冷蔵3日間<br>難易度 —— ★★★★★  | フルーツをペースト状にしたもの | 色 —— 黄金<br>触感 —— さらさら<br>保形性 —— なし<br>保存 —— 冷蔵3日間<br>難易度 —— ★★★  |
| **プラリネ** | ごまと山椒とヘーゼルナッツの<br>プラリネ | ヘーゼルナッツのプラリネ |
| | page 184 | page 130 |
| アーモンドやヘーゼルナッツをキャラメルがけして砕いたもの | 色 —— 茶<br>触感 —— サクサク<br>保形性 —— あり<br>保存 —— 常温5日間<br>難易度 —— ★★★★  | 色 —— 茶<br>触感 —— サクサク<br>保形性 —— あり<br>保存 —— 常温7日間<br>難易度 —— ★★★★  |
| **フロマージュ・クリュ** | フロマージュ・クリュ | **ペースト** |
| | page 27 | |
| クリームチーズとサワークリームが主材料のクリーム | 色 —— 白<br>触感 —— ふわふわ<br>保形性 —— あり<br>保存 —— 冷蔵1日<br>難易度 —— ★★★★  | |
| アボカドのペースト | オレンジペースト | にんじんのペースト |
| page 157 | page 151 | page 170 |
| 色 —— 緑<br>触感 —— ねっとり<br>保形性 —— なし<br>保存 —— 冷蔵1日<br>難易度 —— ★★  | 色 —— 黄<br>触感 —— ねっとり<br>保形性 —— なし<br>保存 —— 冷蔵3日間<br>難易度 —— ★★  | 色 —— オレンジ<br>触感 —— ねっとり<br>保形性 —— なし<br>保存 —— 冷凍2日間<br>難易度 —— ★★  |

| ひよこ豆のペースト | ボンブ（パート・ア・ボンブ） | ラム酒のボンブ |
|---|---|---|
| page 63 | 泡立てた卵黄に煮詰めたシロップを加え、さらに泡立てたクリーム | page 62 |
| 色 —— 淡黄<br>触感 —— ねっとり<br>保形性 —— なし<br>保存 —— 冷蔵3日間<br>難易度 —— ★★ | | 色 —— 淡黄<br>触感 —— もったり<br>保形性 —— なし<br>保存 —— 冷蔵1日<br>難易度 —— ★★★★★ |
| メレンゲ | イタリアンメレンゲ | メレンゲ |
| | page 47 | page 28 |
| | 色 —— 白<br>触感 —— もったり<br>保形性 —— なし<br>保存 —— 冷蔵1日<br>難易度 —— ★★★★ | 色 —— 白<br>触感 —— サクサク<br>保形性 —— あり<br>保存 —— 常温7日間<br>難易度 —— ★★★ |
| ラベンダーとマロウブルーのメレンゲ | その他 | アメリカンチェリーのウォッカ漬け |
| page 120 | | page 139 |
| 色 —— 水色<br>触感 —— サクサク<br>保形性 —— あり<br>保存 —— 常温5日間<br>難易度 —— ★★★ | | 色 —— 赤<br>触感 —— しっとり<br>保形性 —— あり<br>保存 —— 冷蔵3か月<br>難易度 —— ★★ |
| 枝豆 | 栗の渋皮煮 | グレープフルーツのパーツ |
| page 68 | page 175 | page 83 |
| 色 —— 黄緑<br>触感 —— ねっとり<br>保形性 —— あり<br>保存 —— 冷蔵2日間<br>難易度 —— ★★ | 色 —— 茶<br>触感 —— ホロホロ＋<br>　　　　しっとり<br>保形性 —— あり<br>保存 —— 冷凍2週間<br>難易度 —— ★★★★★ | 色 —— 淡黄<br>触感 —— しっとり<br>保形性 —— あり<br>保存 —— 冷凍5日間<br>難易度 —— ★★★★★ |
| クローブ風味の緑豆 | 白いんげん豆のシロップ煮 | 大納言小豆 |
| page 62 | page 64 | page 143 |
| 色 —— 緑<br>触感 —— しっとり<br>保形性 —— あり<br>保存 —— 冷蔵3日間<br>難易度 —— ★★★ | 色 —— 淡黄<br>触感 —— しっとり<br>保形性 —— あり<br>保存 —— 冷蔵3日間<br>難易度 —— ★★★ | 色 —— 茶<br>触感 —— しっとり<br>保形性 —— あり<br>保存 —— 冷蔵5日間<br>難易度 —— ★★★★ |
| 丹波黒豆の甘露煮 | 干しぶどうの白ワイン漬け | |
| page 64 | page 111 | |
| 色 —— 黒<br>触感 —— しっとり<br>保形性 —— あり<br>保存 —— 冷蔵5日間<br>難易度 —— ★★★★ | 色 —— 茶<br>触感 —— しっとり<br>保形性 —— あり<br>保存 —— 冷蔵7日間<br>難易度 —— ★★ | |

## 松下裕介

2014年12月、東京・神楽坂にアシェット・デセール専門店「Calme Elan」をオープン。その後拠点を移し、2019年12月より京都・四条河原町のカフェを併設したパティスリー「RAU」のシェフパティシエとして活躍中。

### 協力 高木幸世

「Calme Elan」のスーシェフとして腕を振るったのち渡仏。パリの2つ星レストランでシェフパティシエールを務める。2019年にパティスリー「RAU」、2021年12月にプラントベース・スイーツブランド「Sachi Takagi」をオープン。

デザイン　三上祥子（Vaa）
本文DTP　山元美乃
撮影　　　柿崎真子、浦田圭子
編集協力　鶴留聖代

本書の内容に関するお問い合わせは、お手紙かメール（jitsuyou@kawade.co.jp）にて承ります。恐縮ですが、お電話でのお問い合わせはご遠慮くださいますようお願いいたします。

本書は2016年11月小社刊『アシェット・デセール専門店の皿盛りデザート』を改題し、増補したものです。

アシェット・デセールのパーツと組み立て

# 皿盛りデザート　増補版

2016年11月30日　初版発行
2024年 3 月20日　増補版初版印刷
2024年 3 月30日　増補版初版発行

著　者　　松下裕介
発行者　　小野寺優
発行所　　株式会社河出書房新社
　　　　　〒151-0051
　　　　　東京都渋谷区千駄ヶ谷2-32-2
　　　　　電話　03-3404-1201（営業）
　　　　　　　　03-3404-8611（編集）
　　　　　https://www.kawade.co.jp/
印刷・製本　三松堂株式会社

Printed in Japan
ISBN978-4-309-29385-1

# Index par couleur de partie　色別パーツ索引